■ 中南财经政法大学公共管理文库

Public

stration

本书为高等学校学科创新引智计划:收入分配与现代财政学科创新引智基地(B20084)
和中南财经政法大学医疗保险研究所资助成果

民政工作社会化研究

于长永　黄梦琳　张子允　著

Research on the Socialization of Civil Affairs Work

WUHAN UNIVERSITY PRESS
武汉大学出版社

图书在版编目(CIP)数据

民政工作社会化研究／于长永,黄梦琳,张子允著 . -- 武汉 ：武汉大学出版社,2025.6. -- 中南财经政法大学公共管理文库. -- ISBN 978-7-307-24905-9

Ⅰ. D632

中国国家版本馆 CIP 数据核字第 2025JZ5372 号

责任编辑:吴月婵　　　　责任校对:汪欣怡　　　　版式设计:马　佳

出版发行: **武汉大学出版社**　　(430072　武昌　珞珈山)

(电子邮箱: cbs22@ whu.edu.cn　网址: www.wdp. com.cn)

印刷:湖北云景数字印刷有限公司

开本:720×1000　1/16　　印张:13.5　　字数:215 千字　　插页:1

版次:2025 年 6 月第 1 版　　2025 年 6 月第 1 次印刷

ISBN 978-7-307-24905-9　　　　定价:69. 00 元

前　言

民政工作不仅是一个历史概念，也是一个不断发展的概念。民政工作的实质是动员群众、组织群众、服务群众的政府公共管理工作，以民为本、为民解困、为民服务是民政工作的根本宗旨。民政工作社会化是民政工作的内在要求和社会属性，也是一种世界趋势。民政工作从过去的政府"大包大揽"，转向现在的"全民总动员"，不仅反映了民政工作中政府角色的重大转变，也反映出在民政服务需求数量增长、质量提高、需求多元化和个性化发展的背景下，政府民政工作能力的不足。民政工作社会化的根本目的，不是减少政府的责任，而是明确政府的责任边界，促进民政工作提高效率并实现高质量发展。民政工作社会化的直接原因是政府在新的社会环境下，已经难以完全胜任民政工作。推进民政工作社会化，是新时期民政工作发展的迫切要求。

中华人民共和国成立以来的民政工作发展史其实就是一部逐步社会化的历史。系统梳理中国民政工作社会化的现状、特点、成效、问题与原因，不仅有助于我们准确把握民政工作社会化的总体趋势，还为我们进一步有效推进民政工作社会化提供经验借鉴。总体上，本书采用理论分析与定量研究相结合的研究方法，旨在回答以下十个问题：一是什么是民政工作，民政工作的职责边界在哪里？二是什么是社会化，如何理解民政工作社会化？三是民政工作社会化的理论依据和内在动力是什么？四是中国民政工作社会化的起源与发展现状是什么？五是中国民政工作社会化的模式有哪些，不同模式之间的共性与差异是什么？六是中国民政工作社会化取得了哪些成效？七是中国民政工作社会化还存在哪些主要问题和障碍？八是影响和制约中国民政工作社会化进程和实践成效的原因是什么？九是国外推动民政工作社会化的实践做法和主要经验是什么，给我国的民政工作社会化提供了什么样的启示？十是中国民政工作社会化的实现路径到底是什么？

　　本书基于国家宏观政策文件以及 2018 年全国九个核心城市，包括北京市、广东省广州市、河南省郑州市、湖北省武汉市、江苏省扬州市、江西省南昌市、山东省济南市、陕西省西安市、重庆市的 1400 份调查数据，采用文献研究、调查研究、深度访谈、定量研究以及归纳研究等多种研究方法，在界定民政工作、民政工作社会化等基本概念和对民政工作社会化进行理论分析的基础上，系统总结了我国民政工作社会化的现状与成效、问题与原因，民政工作社会化参与意愿的影响因素以及国外民政工作社会化的实践做法与经验启示，并基于研究结论与研究发现，从基层民政能力建设这个角度，提出了推进我国民政工作社会化的政策建议。

　　民政工作社会化是指将现行由政府负责的民政业务中适宜由社会主体（私营企业、社会企业、社会组织、社会个体）提供的职责业务以恰当的方式（公私合作、政府购买服务等）交由社会主体承担，充分调动社会主体的积极性，培养其参与能力，使社会主体在民政政策执行与民政业务实践中发挥重要作用的一种过程或状态。民政工作社会化是国家治理体系和治理能力现代化的需要，是民政工作多层次、专业化、个性化发展的需要，是民政部门资源的有限性与民生需求剧增的需要。民政工作社会化包括民政工作参与主体、民政事务资金筹集、民政工作主要内容和民政服务提供过程的社会化等多个方面。民政工作社会化的主要模式包括政府购买服务模式、社会资本参与模式和志愿服务参与模式等。民政工作社会化的基本成效集中体现在民政事业法律法规体系的逐步健全、民政工作社会化程度的逐步提高、民政工作社会化量能的日益增强以及民政工作效率的明显提升等多个方面。民政工作社会化的突出问题在于民政工作社会化的社会主体多元化参与不足、服务方式多样化发展不足、服务队伍专业化水平较低以及运行机制市场化程度不高等问题，而政府职能的越位、缺位和错位，社会组织自身发展不足与外部环境限制以及民政服务供需结构失衡，是造成上述问题的主要原因。

　　民政工作社会化的内容包括多个方面，在我国人口老龄化快速发展、养老服务需求日益增长以及国家大力实施积极应对人口老龄化国家战略的时代背景下，社区志愿养老服务的社会化参与意愿，是民政工作社会化参与意愿的集中体现。对大学生社区志愿养老服务参与意愿及其影响因素的实证研究结果表明，虽然大学生当前参与社区志愿养老服务的比例还不是很高，但是有95%的大学生表示愿意参与社区志愿养老服务。大学生参与社区志愿养老服务也呈现出显著的结构性差异，女大学生、学历高的大学生、文科类的大学生等更愿意参与社区志愿养老服务。但是，由于养老服务的专业性要求，大学生对自身参与社区志愿养老服务的能力评估是较为客观的，他们更愿意提供基础性的陪伴、慰问等情感方面的社区志愿养老服务，对于专业性较强的社区养老服务，大学生仍需要接受进一步培训和实践训练。大学生社区志愿养老服务参与意愿受多种因素影响。社会环境因素中的社会信任、社团组织和社区志愿服务参与经历，经济条件因素中的大学生就业风险以及文化因素中的是否获得过奖学金、距离毕业的时间和是否有"挂科"经历等都不同程度地影响大学生的社区志愿养老服务参与意愿。大学生社区志愿养老服务参与意愿，还受到大学生个体特征因素中的性别因素和健康状况因素的影响。

加强基层民政能力建设，是有效推动我国民政工作社会化的主要路径，但其前提是准确找到基层民政工作的能力建设中存在的问题。综合来看，当前我国在基层民政能力建设方面，存在缺人、缺钱、缺硬件和缺协同的四大困境，应借鉴国外发达国家民政工作社会化的实践做法和主要经验，明确政府的责任边界，大力培育社会组织，充分发挥社会组织的积极参与作用。政府一方面通过民政工作的存量改革，另一方面通过民政工作的增量调整，同时，大力发展政府购买服务模式，并借助"互联网+民政工作"等现代性服务方式，能够有效推进民政工作社会化，提高我国民政工作社会化的实践效果，更好地满足民生服务多样化和个性化的需求，推动我国民政事业高质量发展。

目　　录

第一章 导 论

民政工作是社会建设的兜底性、基础性工作，关系民生，连着民心，是一项具有高度政治属性的行政性工作。它的政治属性集中体现在三个方面：一是从服务对象看，民政工作服务人民群众，特别是老年人、儿童、残疾人等特殊困难群体，他们的生活状况的改善事关党的初心使命，体现社会主义制度的优越性，是凝聚民心的政治性工作；二是从职能作用看，民政工作保基本、兜底线、暖民心、防风险、促和谐，对巩固党的执政基础和增强党的凝聚力、号召力具有重要的作用；三是从发展历史看，在革命、建设、改革等各个时期，民政工作始终服务于党和国家的中心任务，是党的工作的重要组成部分。① 更为重要的是，民政工作还是一项战略性工作，正所谓"民惟邦本，本固邦宁"。

民政事业是为人民谋幸福的事业，民政工作不仅关系到人民群众的安全感、获得感和幸福感"三感"的获得性问题，更关系到党的执政之基和社会稳定以及国家的长治久安。习近平总书记在党的十九大报告中指出："人民是历史的创造者，是决定党和国家前途命运的根本力量。必须坚持人民主体地位，坚持立党为公、执政为民，践行全心全意为人民服务的根本宗旨，把党的群众路线贯彻到治国理政全部活动之中，把人民对美好生活的向往作为奋斗目标，依靠人民创造历史伟业。"②随着社会经济的快速发展和人口结构的快速变化，人民群众对民政工作的需求呈现出多元化、复杂化的趋势。传统的民政工作模式已难以满足这些现

① 陆治原. 以习近平总书记关于民政工作的重要论述为指引 谱写民政事业高质量发展新篇章[N]. 学习时报, 2024-05-13.

② 习近平. 决胜全面建成小康社会 夺取新时代中国特色社会主义伟大胜利——在中国共产党第十九次全国代表大会上的报告[EB/OL]. （2017-10-27）[2024-05-29]. https://www.gov.cn/zhuanti/2017-10/27/content_5234876.htm.

实需求，民政工作社会化成为满足这些需求的必然选择。

在"以中国式现代化全面推进中华民族伟大复兴"①的战略背景下，民政工作社会化对实现中国式现代化具有更加深远的现实意义。因为中国式现代化是共同富裕的现代化，共同富裕的目标是实现"全体人民共同富裕"，其路径是"先富带动后富"，在于"兜住民生底线"，而民政工作正是"兜底性"的工作，是有效防止每一个中国人在全面推进中国式现代化战略进程中"掉队"的制度性保障。民政部门紧盯党中央有关中国式现代化的决策部署，围绕中心，服务大局，通过巩固脱贫攻坚成果、服务乡村振兴、促进共同富裕等措施，健全分层分类的社会救助体系，保障儿童合法权益，完善残疾人社会保障制度和关爱服务体系，发挥慈善的第三次分配作用，为做好基本民生保障提供了重要支持。民政工作蕴含着内涵丰富、深入人心、广泛传承的民政文化，这与精神文明现代化的要求高度契合。通过深入挖掘民政文化的丰富内涵，推动中华优秀传统文化创造性转化和创新性发展，可以更好促进人的全面发展，持续厚植民政事业现代化发展的文化根基。

第一节　民政工作社会化的背景与意义

一、民政工作社会化的背景

首先，社会结构快速转变与人们需求日益多样化为民政工作社会化提供了现实动力。社会结构的快速转变，主要体现在中国人口结构的深刻变革、社会主要矛盾的时代转型。人口结构的深刻变革，又主要体现在三个方面：一是人口出生率的持续降低，甚至近年来呈现出"断崖式"下降趋势；二是人口老龄化程度快速提升，高龄化趋势明显，失能老年人快速增多；三是流动人口规模快速扩大。人口结构的深刻变革，导致传统从事民政工作的行政力量难以满足人口结构变革背景下民政事业发展的现实需要，加快推动民政工作社会化是人口结构深刻变革

---

① 习近平．高举中国特色社会主义伟大旗帜　为全面建设社会主义现代化国家而团结奋斗——在中国共产党第二十次全国代表大会上的报告［EB/OL］．（2022-10-25）［2024-05-29］．https：//www.gov.cn/xinwen/2022-10/25/content_5721685.htm.

对新时代民政工作顺应改革的内在要求。

中国少儿人口快速减少，是中国人口出生率持续走低的必然结果。人口出生率的变动趋势，可以用一个国家或地区的总和生育率变动趋势加以反映。从图1-1的统计结果来看，包括中国在内的六个国家的总和生育率，均呈现出不断下降的趋势。印度的总和生育率从 20 世纪 60 年代的 6 左右，下降到 2021 年的 2.03，印度的总和生育率虽然在下降，但是直到 2021 年仍然接近世代更替水平。美国的总和生育率从 20 世纪 60 年代的 3.65 下降到 2021 年的 1.64，这表明美国的总和生育率虽然已经低于期望生育率的 1.8，但是仍然没有掉入低生育率陷阱。德国的总和生育率从 20 世纪 60 年代的 2.37 下降到 2021 年的 1.5，虽然也在下降，但是下降的速度非常慢。日本的总和生育率下降速度也很慢，但是日本的总和生育率长期掉入低生育率陷阱无法自拔。这已经成为日本"消失的 20 年"的一个重要原因。

值得指出的是，中国的总和生育率下降速度更快，是图 1-1 六个国家中总和生育率下降速度最快的国家，从 20 世纪 70 年代的 6.08 下降到 2021 年的 1.16。截至 2021 年，中国的总和生育率仅仅比韩国高，已经远远低于美国、印度和德国，甚至比少子老龄化比较严重的日本还要低。在综合生育率方面，总和生育率达到 2.1 是最为理想的水平，能够确保一个国家或地区的人口维持世代更替、均衡发展，但是 2.1 的总和生育率很难达到。按照国际标准，当一个国家或地区的总和生育率低于 1.5 时，总和生育率就像掉进了陷阱一样，不通过外力干预和刺激，将很难提升。总和生育率 1.3 被称为"超低生育率"，对于一个国家或地区的人口增长是非常不利的。总和生育率 1.0 被认为是"灾难性生育率"，又被视为极度危险的总和生育率。目前，世界上总和生育率低于 1.0 的国家只有韩国，2021年韩国的总和生育率为 0.81，因此，韩国被称为"低欲望国家"之最。[①] 2021 年中国的总和生育率为 1.16，2022 年中国的总和生育率为 1.08，非常接近灾难性生育率水平。这给新时代的民政工作带来结构性需求和影响。

---

① 马瑞丽，于长永，李孜，等.中国式现代化的人口条件：机遇与挑战[J].人口与发展，2023，29(1)：104-111.

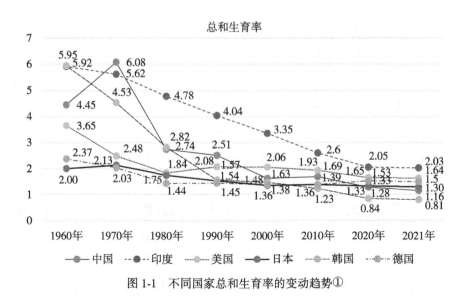

图 1-1 不同国家总和生育率的变动趋势①

人口年龄结构快速老化，是中国人口年龄结构变化的显著特点。从表 1-1 的统计结果来看，2021 年到 2022 年虽然只过去了一年时间，但是，60 周岁及以上老年人口增加了 1300 万人，人口老龄化程度上升了 0.9 个百分点；65 周岁及以上老年人口增加了 900 万人，人口老龄化程度上升了 0.7 个百分点。国际上，衡量人口老龄化严重程度的指标有轻度人口老龄化、中度人口老龄化和重度人口老龄化三个指标。其中，65 岁及以上老年人口占总人口中的比重达到 7%～14% 为轻度人口老龄化，达到 14%～20% 为中度人口老龄化，达到 20% 及以上为重度人口老龄化。截至 2021 年，中国 65 岁及以上老年人口占总人口中的比重已经超过 14%，这也就意味着中国从 2021 年已经进入中度人口老龄化阶段。这也就是说，中国用了不到 22 年的时间，完成了发达国家平均需要花费 60 年才能完成的人口年龄结构的现代转化。如法国耗时 115 年、瑞典耗时 85 年、美国耗时 66 年、加拿大耗时 64 年、瑞士耗时 55 年、西班牙耗时 40 年和日本耗时 25 年完成了从轻度人口老龄化向中度人口老龄化的转变。②

　① 本图的数据来自：https：//www. kylc. com/stats/global/yearly_overview/g_population_fertility_perc. html.
　② 中国人口与发展研究中心课题组，马力，桂江丰. 中国人口老龄化战略研究[J]. 经济研究参考，2011(34)：2-33.

表 1-1　　　　　　　　**2021—2022 年中国人口老龄化发展趋势**①

年份	60 周岁及以上人口		65 周岁及以上人口	
	人口规模（亿）	人口比重（%）	人口规模（亿）	人口比重（%）
2022	2.8	19.8	2.1	14.9
2021	2.67	18.9	2.01	14.2

　　中国人口高龄化的趋势非常明显，失能失智老年人将快速增多。一般认为，高龄老年人口是指 80 岁及以上的老年人。② 人口高龄化是与人口老龄化相近的一个概念，按照人口老龄化的界定标准，高龄老年人口占老年人口中的比重达到一定水平，我们就会将一个国家或社会视为进入了高龄化状态，但这个水平到底是多少，目前并没有一个准确的标准。高龄化系数是衡量一个国家和地区高龄化发展情况的另一个指标，高龄化系数指的是 80 岁及以上的高龄老年人口占 60 岁及以上老年人口总数的比重。③ 人口老龄化和人口高龄化发展均是一个世界人口发展的基本趋势，从图 1-2 的统计结果可以看出，从 1950 年到 2050 年，60 岁、65 岁、70 岁、75 岁以及 80 岁及以上的老年人口，都呈现出快速增加的态势。

　　中国老年人口基数大，是世界上老年人口数量最多的国家，从图 1-3 我国高龄老年人口的增长率来看，中国是世界上高龄老年人口增长率最高的国家之一，从 1990—2050 年，中国 80 岁及以上的高龄老年人口平均每年的增长率为 4.24%，高龄老年人口增长率仅次于韩国的 4.35%，远远高于美国的 2.19%、日本的 2.37%、德国的 1.7% 以及法国的 1.63%。人口老龄化特别是人口高龄化的快速发展，必将伴随失能失智老年人口的快速增多。最新的研究结果表明，2021—2023 年全国 60 岁以上失能人数达到 4654 万人，虽然失能率在下降，但随着老年人口规模增加，失能人数在缓慢上升。④ 到 2030 年，我国失能老年人规模将超

---

① 本表的数据来自：《2021—2022 年国民经济和社会发展统计公报》。

② 王琳. 中国老年人口高龄化趋势及原因的国际比较分析[J]. 人口与经济，2004（1）：6-11.

③ 罗淳. 高龄化：老龄化的延续与演变[J]. 中国人口科学，2002（3）：35-42.

④ 宋承翰. 老年健康报告：全国失能老人超四千万，农村失能率远高于城市[EB/OL].（2024-04-08）[2024-06-10]. https：//www.sohu.com/a/770053490_161795.

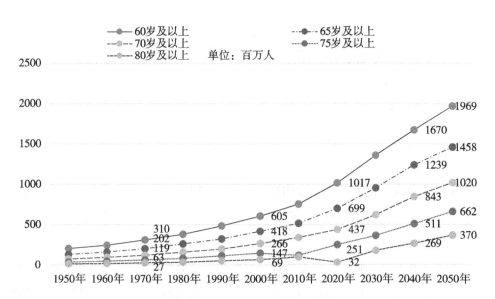

图 1-2 1950—2050 年全球人口老龄化和高龄化发展趋势①

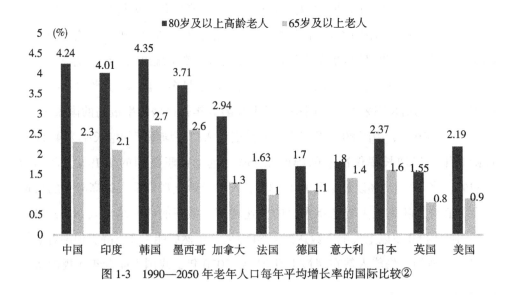

图 1-3 1990—2050 年老年人口每年平均增长率的国际比较②

① 本图数据来自：United Nations. Population Division, World Population Prospects：The 1998 Revision, Vol. Ⅱ：10-11.

② 本图数据来自：曾毅. 中国人口老龄化的"二高三大"特征及对策探讨[J]. 人口与经济，2001(5)：3-9，72.

过 7700 万人。① 与此同时，中国的独生子女家庭比例不断上升，导致失独家庭数量增加。"七普"数据汇总以及人口普查数据测算显示，2020 年 50 岁及以上死亡独生子女母亲规模约为 288.8 万人，高于此前大部分学者对于 2020 年死亡独生子女母亲规模上限约为 80 万人的判断。② 上述这些变化对我国的民政工作提出了新的挑战，推进民政工作社会化是社会结构变迁的内在要求。

随着经济的快速发展，人们的收入水平不断提高，人民群众的需求日益多元化和复杂化，不再满足于简单的物质救助，而是追求更高层次的心理关怀、精神支持等服务，这对民政工作的服务内容和形式提出了新的要求。人民群众需求多元化和多样化的具体体现是社会主要矛盾的深刻变化。习近平总书记在党的十九大报告中指出："中国特色社会主义进入新时代，我国社会主要矛盾已经转化为人民日益增长的美好生活需要和不平衡不充分的发展之间的矛盾。"③社会主要矛盾从"人民日益增长的物质文化需要同落后的社会生产之间的矛盾"转变为"人民日益增长的美好生活需要和不平衡不充分的发展之间的矛盾"。这一变化意味着人民对于生活质量的要求不仅仅停留在物质层面，还涉及精神、文化、环境等多个方面。因此，民政工作社会化需要更加注重服务内容的升级，从单一的物质救助向多元化、个性化的服务转变，以满足人民日益增长的美好生活需要。

随着社会主要矛盾的变化，人民的需求变得更加广泛和复杂。民政工作社会化的内在要求还体现在以下几个方面：一是要求民政工作社会化必须不断扩大服务范围，覆盖更多的社会群体和领域，除了提供传统的救助、福利等服务外，还需要加强和增加对老年人、儿童、残疾人等特殊群体的关爱和服务，以及加大在环境保护、文化教育等方面的投入。二是面对社会主要矛盾的变化，传统的民政工作方式已经难以满足人民的需求。因此，需要创新服务方式，提高服务效率和质量。可以通过引入社会工作、志愿服务等社会力量，形成政府主导、社会参与

---

①　郑晓瑛等. 中国人口老龄化时期人口与健康的趋势和挑战（2015—2020）[J/OL]. 中国疾病预防控制中心周报（英文），2021，3（28）：593-598[2024-06-10]. https：//health. hmed 365. com/4326. html.

②　赵孟. 中国失独女性达 288.8 万，未来还将快速增加[EB/OL]. （2024-04-15）[2024-06-10]. https：//finance. sina. com. cn/jjxw/2024-04-15/doc-inarxrfr1335168. shtml.

③　颜晓峰. 我国社会主要矛盾变化的重大意义[N]. 人民日报，2018-01-04.

的民政工作新格局；同时，也可以利用互联网、大数据等现代信息技术手段，提供更加便捷、高效的服务。三是社会主要矛盾的变化要求民政工作社会化必须转变服务理念，从过去的"救助型"向"发展型"转变。这意味着在提供基本生活保障的同时，还需要注重促进人的全面发展和社会和谐美好。通过提供多元化的服务，帮助人们解决生活问题、提高生活质量、实现自我价值。四是加强制度建设和政策保障。为适应社会主要矛盾的变化，需要进一步加强民政工作的制度建设和政策保障。通过制定和完善相关法律法规、政策措施等，明确各级政府和相关部门在民政工作社会化中的职责和任务；同时，还需要加强对服务对象的权益保障和监管力度，确保民政工作社会化的顺利推进。

其次，政府职能转变与服务型政府建设为民政工作社会化发展提供了重要政策依据。早在 2013 年 11 月，中共十八届三中全会提出"国家治理体系和治理能力现代化"的重大命题。"国家治理体系和治理能力现代化"是习近平总书记在其主持起草的《中共中央关于全面深化改革若干重大问题的决定》中首次提出，并将其上升为国家重大战略发展任务。① 国家治理体系和治理能力现代化对民政工作社会化的影响主要体现在以下几个方面：一是推动民政工作社会化进程。国家治理体系和治理能力现代化的推进，要求政府转变职能，更多地引入社会力量参与社会治理。这意味着民政领域将更多地依靠社会组织、企业和个人等社会力量来共同承担社会福利、救助和服务等职能，从而推动民政工作的社会化进程。二是提升民政服务效能。国家治理体系和治理能力现代化强调制度化和法治化，通过制定和完善相关法律法规、政策，明确各级政府和相关部门在民政工作中的职责和任务。这将有助于规范民政工作流程，提高工作效率，进而提升民政服务效能。同时，社会化力量的引入也能为民政服务提供更多元化、专业化的支持。三是促进民政工作创新。国家治理体系和治理能力现代化鼓励创新社会治理方式，这将激发民政工作的创新活力。在社会化的背景下，民政部门可以与社会组织、企业等合作，共同探索新的服务模式和方法，以满足人民群众日益多样化的需求。四是增强民政工作的透明度和公信力。国家治理体系和治理能力现代化要求

---

① 新华社.中共中央关于全面深化改革若干重大问题的决定［EB/OL］.（2013-11-15）［2024-06-13］. https：//www.gov.cn/jrzg/2013-11/15/content_2528179.htm.

政府信息公开透明，接受社会监督。在民政工作中，这意味着将更多地公开服务流程、资金使用等信息，增强民政工作的透明度。同时，社会化力量的参与也能对民政部门的工作形成有效的监督和制约，从而提升民政工作的公信力。

再次，社会资源丰富与社会力量壮大为民政工作社会化提供了重要的资源保障。一是民政部门登记和管理的机构设施数量在快速增加。图1-4的统计结果显示，从2018年到2022年的五年时间里，我国民政部登记和管理的机构设施数量从187.6万增加到250.1万，民政部登记和管理的机构设施数量年均增长速度达到了7.43%。二是提供住宿的民政服务机构床位数量也呈现出快速增加趋势。截至2022年年底，全国共有各类养老机构和设施38.7万个，养老床位合计829.4万张。其中，注册登记的养老机构为4.1万个，比上年增长1.6%，床位数量达到518.3万张，比上年增长2.9%；社区养老服务机构和设施数量达到34.7万个，共有床位数量为311.1万张。三是殡葬服务行业快速发展。截至2022年年底，全国共有殡葬服务机构4474个，其中，殡仪馆达到1778个，殡葬管理机构达到815个，民政部门管理的公墓数量为1761个。殡葬服务机构职工数量达到9.1万人，其中殡仪馆职工数量为4.9万人。火化炉数量为7293台。[①]

城乡社区综合服务设施覆盖率快速提高也为民政工作社会化发展提供了重要支撑。从图1-5的统计结果来看，从2018年到2022年的五年时间里，城乡社区综合服务设施覆盖率呈现出快速增长趋势。其中，城市社区综合服务设施覆盖率在2020年就已经实现100%全覆盖，而乡村社区综合服务设施覆盖率虽然表现出快速增长的趋势，综合服务设施覆盖率从2018年的45.3%增长到2022年的84.6%，但是，与城市相比，乡村社区综合服务设施覆盖率始终相对较低。城乡社区综合服务设施覆盖率的逐步提高，一方面为民政工作社会化提供了强有力的社区资源支撑，另一方面城乡社区综合服务设施覆盖率的差异，也为民政工作社会化的城乡发展带来不利影响。

---

① 中华人民共和国民政部. 2022年民政事业发展统计公报［EB/OL］.（2023-10-13）［2024-06-13］. https://www.mca.gov.cn/n156/n2679/c1662004999979995221/attr/306352.pdf.

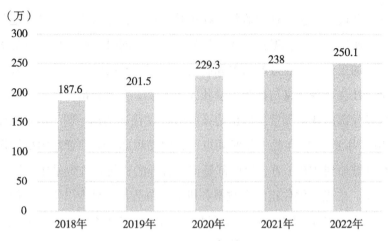

图 1-4　2018—2022 年我国民政部登记和管理的机构设施数量①

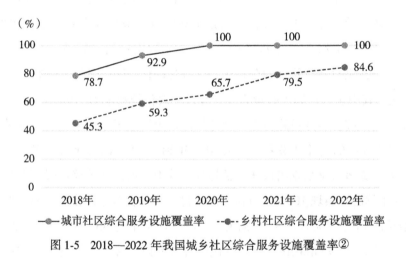

图 1-5　2018—2022 年我国城乡社区综合服务设施覆盖率②

　　不仅如此，社会组织数量、基层群众性自治组织数量等的快速增加，也为民政工作社会化提供了重要的资源保障。截至 2022 年年底，全国共有社会组织数量为 89.1 万个。全国基层群众性自治组织达到 60.7 万个，其中村委会 48.9 万个，村民小组 392.9 万个，村委会成员 215.4 万人；居委会 11.8 万个，居民小

①　本图数据来自：《2022 年民政事业发展统计公报》。
②　本图数据来自：《2022 年民政事业发展统计公报》。

组 133.1 万个,居委会成员 66.3 万人。① 社会力量的不断壮大,有力促进了民政工作的社会化发展。

最后,政府的政策引导与资金支持为民政工作社会化提供了重要动力。国家推进民政工作社会化的政策支持,较早可以追溯到 2000 年由民政部牵头,原国家计委、原国家经贸委、教育部、财政部、原劳动保障部、原国土资源部、原建设部、原外经贸部、原卫生部和税务总局等 11 个部门联合出台的政策文件,即《关于加快实现社会福利社会化的意见》,该文件明确提出要加快实现社会福利社会化的目标任务。近年来,国家为了推动民政工作社会化,还出台了一系列政策文件:一是关于加强社会组织参与社会服务的政策文件,如《关于加强养老机构预收费监管的指导意见》,该文件解读了民政部在加强养老机构预收费监管方面的政策措施,确保社会组织在参与养老服务时的资金安全和规范。再如,民政部印发的《2024 年中央财政支持社会组织参与社会服务项目实施方案》明确了民政部将积极推进社会组织参与社会服务项目的实施,包括行业协会商会服务高质量发展专项行动等,以推动社会组织在社会服务中发挥更大作用。二是促进社会工作高质量发展的政策文件。如《关于加快推进社会工作高质量发展的意见》,该文件是江苏省民政厅等多个部门联合发布的,旨在通过强化社会工作顶层设计、健全社会工作服务体系、加快社会工作专业化职业化发展等措施,推动全省社会工作高质量发展。三是加强基层治理体系和治理能力现代化建设的政策文件。如《关于全面推进新时代民政标准化工作的意见》,该文件强调了建设推动高质量发展的民政标准体系,包括加强基层社会治理标准研制,提高基层治理精细化、智能化水平,充分发挥社会组织在基层治理中的积极作用。这些政策文件从多个方面为民政工作社会化提供了政策支持,包括加强社会组织参与、促进社会工作高质量发展、加强基层治理体系和治理能力现代化建设以及明确具体工作要点等。这些政策的实施将有助于推动民政工作更加社会化、专业化、规范化,更好地满足人民日益增长的美好生活需要。

国家不仅出台了支持民政工作社会化的政策,还提供种类繁多的资金支持。

---

① 中华人民共和国民政部. 2022 年民政事业发展统计公报 [EB/OL]. (2023-10-13) [2024-06-13]. https://www.mca.gov.cn/n156/n2679/c1662004999979995221/attr/306352.pdf.

具体包括：一是生态葬及遗体捐献的奖励政策。对使用无毒、可降解环保用品（如骨灰盒）并采用树葬、花葬、草坪葬等生态葬的，奖励1000元/具。对参与遗体捐献的，奖励2000元/具。二是针对低保、特困等群体的救助政策。低保、特困等六类符合条件的群体可享受免费骨灰安放等救助措施。健全分层分类社会救助体系，优化社会救助家庭经济状况认定标准，及时、足额发放各类救助资金。三是针对社会工作服务机构的奖补政策。对荣获"全国社会工作服务示范单位"称号的民办社工机构，给予一次性补助2万元。对聘用的专职社工在民办社工机构持续工作满一年的，给予机构5000元/人/年的补贴，补贴金额最高不超过3万元，补贴期限最长不超过3年。四是针对社会工作专业人才队伍建设的激励政策。制定发布社会工作者职业水平考试一次性奖励政策，对取得不同等级社会工作师证书的人员给予奖励，如助理社会工作师3000元、社会工作师6000元、高级社会工作师1万元。对考取社会工作者职业水平证书的社区专职工作者，分别给予每月600元、400元和200元的职业资格津贴。五是针对特殊困难群体的保障政策。强化特殊困难群体保障，持续深化"三走"活动，加大主动发现困难对象力度，及时将符合条件的困难群众纳入社会救助范围。规范高效运行救助管理站，积极开展救助管理开放日、专项救助活动等。六是创新与优化多元救助帮扶服务。实施困难家庭"提低共富"资产性增收项目，深化困难家庭共富"五扶"行动。完善三级助联体建设，引导社会力量广泛参与社会救助，为困难群众提供全方位的精神关爱。以上政策支持措施旨在推动民政工作社会化，促进社会公平和社会福利的发展，确保公民的权益得到更好的保障。

二、民政工作社会化的意义

民政工作社会化研究的意义，包括理论意义和现实意义两个方面：

首先，民政工作社会化研究的理论意义，主要体现在以下几个方面：一是为推动社会治理创新提供理论支持。民政工作社会化研究有助于深化对社会治理的理解，尤其是在如何提升社会治理专业化水平方面提供了新的理论视野。随着经济全球化和世界一体化的推进，社会转型不可避免，民政工作社会化作为社会治理创新的一种方式，其研究对于推动社会治理从"权术"向"技术"转型具有重要意义。二是为促进民政服务变革提供理论指导。民政工作社会化研究强调了社会工作专业元素在民政服务中的重要作用，这有助于促进民政服务的变革，从传统的以行政功能为主导的服务模式转向更加专业化和人性化的服务模式。通过引入社会工作专业力量，民政服务可以更加精准地满足社会弱势群体的需求，提供更加高品质的社会服务。三是有助于深化对民政工作与社会工作关系的理解。民政工作社会化研究有助于我们更加清晰地认识到民政工作与社会工作之间的联系与区别，明确两者在社会发展中的不同作用和功能。通过对该问题的深入研究，我们可以更好地将社会工作专业元素融入民政工作，实现两者的有机融合和相互促进。四是有助于为民政领域社会工作人才使用和服务提供理论支持。随着地方机构改革的推进，民政领域社会工作人才使用和服务面临着新的机遇和挑战。民政工作社会化研究可以为这一领域的人才使用和服务提供理论支持，指导其在新形势下的发展方向。研究成果可以指导民政部门更加注重社会工作人才的专业服务能力的提升，打造具有民政服务品牌内涵的社会工作人才专业力量。民政工作社会化研究的理论意义，最终表现在推动社会治理创新、促进民政服务变革、深化对民政工作与社会工作关系的理解以及为民政领域社会工作人才使用和服务提供理论支持。这些理论意义对于当前和未来的民政工作都具有重要的指导意义和实践价值。

其次，民政工作社会化研究的现实意义主要体现在以下几个方面。一是有助于提升民政服务工作的效率和质量。一方面，提高民政工作服务的专业化水平。通过引入社会工作专业元素，民政工作可以更加精准地满足社会弱势群体的需求，提供更具针对性和专业性的服务。这有助于提高服务的效率和质量，使民政工作更加贴近民众的实际需求。另一方面，提高资源的利用效率。社会化研究有助于优化资源配置，使民政资源得到更加合理的利用。科学规划和管理可以有效避免资源的浪费和重复投入，提高资源的利用效率。二是有助于促进社会和谐稳定。一方面，民政工作社会化研究有助于增强社会凝聚力。民政工作社会化研究强调以人为本，注重解决社会问题，维护社会公平和正义。这有助于增强社会凝聚力，促进社会的和谐稳定。另一方面，民政工作社会化研究有助于缓解社会矛盾。通过深入研究社会问题和矛盾，民政工作可以更加精准地把握问题的根源和症结，制定更加有效的解决方案。这有助于缓解社会矛盾，减少社会冲突，维护社会的和谐稳定。三是有助于推动民政工作创新发展。一方面，民政工作社会化研究拓宽了民政工作服务领域。随着社会的不断发展和变化，民政工作的服务领域也在不断拓宽。社会化研究有助于发现新的服务需求，推动民政工作向更加广阔的领域延伸。另一方面，民政工作社会化研究创新了民政工作服务模式。通过引入社会工作专业元素，民政工作可以创新服务模式，提供更加多元化、个性化的服务。这有助于满足不同群体的需求，提高服务的满意度和认可度。民政工作社会化研究的现实意义，集中表现在提升民政服务效率和质量、促进社会和谐稳定、推动民政工作创新发展等方面。同时，大量的实践案例也充分表明，民政工作社会化研究在实践中具有显著的成效和价值。

第二节　民政工作社会化的国内外研究述评

国外关于民政工作社会化研究，最早可以追溯到 19 世纪末至 20 世纪初，发达国家的民政工作社会化与多个重要的历史事件和社会变革紧密相关。15 世纪70 年代至 18 世纪末，欧洲社会经历了一系列社会问题，如失地农民失去生活保障、进城做工条件恶劣、疾病蔓延、道德沦丧等，这些社会问题为民政工作的社会化研究提供了背景和基础。1883 年至 1889 年，德国政府先后制定了《疾病保险法》《工伤保险法》和《老年与病残强制保险法》，这些法律制度的建立标志着国家开始承担社会福利责任，为民政工作社会化奠定了基础。1869 年，慈善组织的成立，标志着社会开始有组织地参与社会救济和福利工作。1886 年，社区睦邻运动的兴起，进一步推动了社区参与社会福利工作的进程。20 世纪 40 年代，小组工作(亦称团体工作)开始被纳入社会工作专业的方法。20 世纪 50 年代以后，由于联合国的推动，大多数国家开始重视社区福利计划和社区发展计划，这些计划的实施进一步推动了民政工作社会化的进程。1898 年，纽约救贫协会创办讲习班，讲授慈善学的应用，标志着社会工作教育的开始。1910 年，美国哥伦比亚大学设置社会工作课程，进一步推动了社会工作专业化的进程。1953 年美国社会工作教育委员会(CSWE)和 1955 年美国社会工作者协会(NASW)的成立，标志着社会工作最终成为一个公认的职业。

国内关于民政工作社会化的研究，最早可以追溯到唐代，尤其是唐末时期。唐代以前并没有"民政"这一概念，唐代政务分为军民两政，在地方，以都督或节度使管军事，以刺史或观察使管民政。这可以视为"民政"概念在行政实践中的初步体现。唐德宗贞元十六年(公元 800 年)，虽因避李世民讳而未直接使用"民政"一词，但唐末藩镇强大，唐主势弱，此时开始有明确使用"民政"一词的记载。史籍《资治通鉴》卷 257 载，唐僖宗光启三年(公元 887 年)，朱全忠重用敬翔，"凡军机、民政悉以咨之"。这是"民政"一词在官方文献中的明确记载。早期的民政工作主要围绕社会福利、社会救助和社会事务管理等方面展开。虽然当时没有明确的"民政工作社会化"这一说法，但已经有了相关的实践和探索。1954 年，中华人民共和国正式设立地方各级民政管理机构，民政工作的内涵得到了进一步的明确和扩展。这标志着民政工作在中国的系统化、规范化发展。改革开放以来，随着社会的快速发展和变革，民政工作也面临着新的挑战和机遇。政府加大了对民政事业的投入，民政制度逐步完善，覆盖面不断扩大，为民众提供了更加全面、多元的服务。新时期民政工作的核心职能是"解决民生、落实民权、维护民利"。民政工作社会化研究也随着民政工作实践的发展，得到进一步深化和发展。具体研究进展体现在以下几个方面：

一、民政工作社会化概念研究

"民政"在古时又被称为"民事"，其词源可以追溯到唐代的"安民立政"之说，而"民政"这一概念的正式提出，是从北宋司马光提出的"修治民政"开始的。关于民政工作的基本内涵，无论是官方的界定，还是学术界的界定，不同的人站在不同的角度，对民政工作的概念界定并不一致。

官方对民政工作的界定，代表性观点包括：民政部前部长崔乃夫把民政工作界定为"三个一部分"，即民政工作是社会保障的一部分、行政管理的一部分以及政权建设的一部分。[1] 民政部前部长多吉才让把民政工作概括为"四个方面"，即民政工作是管理专项社会事务方面的工作、基层民主政治建设方面的工作、国防和军队建设服务方面的工作以及社会救助和社会福利方面的工作。[2] 民政部前

---

[1] 崔乃夫. 关于民政理论中的几个问题——韩京承同志《民政散论》书序[J]. 社会工作，1995(2)：4-5.

[2] 常宗虎. "民政工作整合问题"研究述评[J]. 长沙民政职业技术学院学报，2003(2)：1-6.

部长李学举认为，民政工作是"保障民生、发展民主和服务社会"的行政性工作。①

学术界对民政工作的界定，代表性观点包括：金世吉针对基本生活权益问题，提出了民政工作任务的三个层次：提供作为生物人所必需的维持生存的基本物质保障、提供作为生物人所必需的正常生活的基本服务保障、提供作为社会人所必需的参与社会的基本权益保障。② 郑杭生通过现代民政论，阐述了"大民政"的思想，提出要为社会困难群体以及全体社会成员提供更多更好的福利保障资源和服务，建立制度化、一体化、均等化的适度普惠民生保障福利体系。新形势下，民政工作更加强调了"以民为本、为民服务"的地位与宗旨。③

关于社会化的概念，不同的学者站在不同的学科角度，对社会化的界定差异很大。例如，邓大才在《社会化小农：动机与行为》一文中指出，社会化是相对于家庭化和自给自足而言的。他认为，社会化是货币支出的代名词，社会化需要货币支出和货币媒介，而货币支出是家庭社会化的交易成本。④ 风笑天在《独生子女青少年的社会化过程及其结果》一文中指出，社会化程度高低是青少年在性格特征、生活技能、社会规范、生活目标、成人角色、自我认知等方面发展正常与否的养育结果。⑤ 民政工作社会化是相对于民政工作国家化而言的，刘桂林指出民政工作社会化是指要发动社会力量开展各种捐献活动，搞好救灾、扶贫和助残工作，要依托社会搞好民政福利事业，要组织广大人民群众搞好社区服务工作，要充分发挥双拥社会服务组织的作用，不断促进双拥工作深入发展。⑥ 陈方认为，民政工作社会化是指在政府的领导、组织和资助下，动员社会各方面的力

① 李学举. 用科学发展观认识、定位、推进民政工作[J]. 中国民政，2009(4)：4-10.

② 金世吉. 对民政工作若干基本问题的再思考[J]. 中国社会工作，1998(2)：18-20.

③ 郑桩生. 民生为重、造福于民的体制创新探索——从社会学视角解读"大民政"的本质和重大意义[J]. 新视野，2011(6)：22-25.

④ 邓大才. 社会化小农：动机与行为[J]. 华中师范大学学报(人文社会科学版)，2006(3)：9-16.

⑤ 风笑天. 独生子女青少年的社会化过程及其结果[J]. 中国社会科学，2000(6)：118-131，128.

⑥ 刘桂林. "九五"期间加快民政工作社会化问题的思考[J]. 民政论坛，1995(6)：37-38.

量，并通过民政部门的主体努力，解决基层以及群众生活中迫切需要解决的问题。推进民政工作社会化，既是民政业务发展的大势所趋，也是理论的呼唤和实践的需求，民政工作社会化是摆在所有民政工作者面前的崭新课题和目标任务。①

二、民政工作社会化内容研究

民政工作社会化的涵义广泛，涉及多个方面。从理论上讲，民政工作社会化的内容，主要包括以下几个方面：一是社会福利事业的社会化。社会福利事业是民政工作的重要组成部分，包括老年人福利、儿童福利、残疾人福利等。这些福利事业可以通过社会化的方式，广泛动员社会力量，包括企业、社会组织、志愿者等，共同参与和推动其发展。二是社会救助事业的社会化。社会救助工作，如贫困救助、灾害救助等，同样可以社会化，通过慈善募捐、社会捐助等方式，吸纳社会资金，为救助对象提供及时有效的帮助。三是社区服务的社会化。社区服务是民政工作的重要一环，涉及居民生活的方方面面。社区服务的社会化，可以通过发展社区组织、培育社区志愿者等方式，实现社区服务的多元化和专业化。四是拥军优抚工作的社会化。对于军人、烈士家属等优抚对象的服务，也可以通过社会化的方式，动员社会力量参与，提供更全面、更贴心的服务。五是婚姻、收养等公共服务的社会化。婚姻登记、收养登记等公共服务，也可以通过引入社会力量，提高服务效率和质量。例如，可以引入社会组织、志愿者等参与婚姻登记前的咨询、辅导等服务。六是民政工程项目建设的社会化。在民政工程项目建设中，可以通过引入社会资本、民间资本等方式，实现投资主体多元化，推动民政事业的健康稳步发展。七是民政工作方式的社会化。在坚持发展民政事业财政投入主渠道作用的基础上，积极探索投资主体多元化，通过慈善募捐、社会捐助、产权置换、资产重组等形式，吸纳社会资金，推动民政工作的社会化进程。

从实践方面看，民政工作很多内容可以实现社会化。张锋认为，社会救助、养老服务、儿童关爱帮扶、专项社会服务、社会组织培优、阳光慈善以及区划地

---

① 陈方. 推进民政工作的社会化[J]. 特区理论与实践，1991(3)：68-70.

名扩优等很多民政工作，都可以实现社会化。① 梁兰从精准扶贫的角度，探讨了社会工作在精准扶贫中的作用和局限性。她认为社会工作的价值观、方法论和工作过程以及目标追求，都与精准扶贫工作十分相似，社会工作介入精准扶贫工作和农村发展项目具有天然的优势，但也存在工作中受到基层部门的"裹挟"、社会工作行政化和独立性不足的问题。② 唐钧从社会福利服务的角度，探讨了民政工作的开放性与社会福利服务整合的必要性。他认为，民政工作是一个极具开放性的政府工作系统，当前民政工作的核心任务是社会福利服务，要以"三社联动"为手段，推进民政工作与社会福利服务的整合。③ 宋爽认为，在民政工作视角下，残疾人社会福利体系构建与中国残联所构建的福利体系有着不同的侧重点。他认为残疾人福利体系包含保障体系、服务体系和政策体系三个维度，残疾人社会福利体系，应该由国家、社会共同为参与者提供生理、心理和社会等多个方面的需求支持。④

三、民政工作社会化路径研究

如何推进民政工作社会化，不同的学者站在不同的角度所提出的观点差异较大。王如恒、翟永荣认为，民政工作社会化是民政改革的方向，推进民政工作社会化须采取多种途径和手段，典型地区的实践经验表明，强化民政宣传教育是一条便捷的途径和直接的手段。⑤ 时正新、许立群从福利事业社会化的角度指出，政企分开是推进福利事业社会化的必然要求和基本路径。他认为政企分开是指通过转变政府职能，把政府行政管理与社会自我管理分开，把部门职能与社会职能分开，把社会组织功能与社会自律机制分开，即政企分开、政事分开、政府与中

---

①　张锋. 学思践行，推动民政工作提质提速提效[N]. 中国社会报，2024-04-10(002).

②　梁兰. 社会工作在精准扶贫工作中的作用和局限性——基于民政部"三区计划"项目的反思[J]. 重庆工商大学学报(社会科学版)，2018，35(5)：69-73.

③　唐钧. 民政工作的开放性及社会福利服务的整合[J]. 北京工业大学学报(社会科学版)，2015，15(6)：1-7.

④　宋爽. 民政工作视角下的残疾人福利体系构建[J]. 社会福利(理论版)，2015(1)：21-24.

⑤　王如恒，翟永荣. 民政宣传教育与民政工作社会化[J]. 中国社会工作，1996(2)：40-41.

介组织分开等，是社会福利事业社会化发展的根本出路。① 潘娟基于甘肃省的调研认为，社会工作人才建设与社会工作发展、和谐社会建设息息相关，当前我国社会工作者总量严重不足，加快建立一支结构合理、素质优良的社会工作者队伍，是推动民政工作社会化的当务之急。同时，她认为社会工作者社会接受程度低、总量不足、人才队伍结构不合理、专业化程度低、职业化程度不高等问题，是甘肃省社会工作人才队伍建设存在的突出问题，为了解决这些问题，她认为营造良好环境、建立管理体制、完善培养体系、合理设置岗位、创新用人机制、加强激励保障以及健全投入机制，是加快建立一支高素质社会工作人才队伍的关键路径。②

苏学愚在总结香港地区民政工作社会化的经验时指出，香港地区民政工作社会化的路径已经形成了以政府为主导、以非政府的社会工作机构为主体、由社会志愿者广泛参与的良性互动机制。③ 王俊丽站在社会福利社会化的角度提出，促进社会福利社会化需要从政策环境和社会环境上积极培育民间组织、培养社会企业和公民的社会责任意识，同时也要学习西方发达国家政府购买社会福利服务的实践经验。④ 冯婷基于落实第十三次全国民政会议提出的基本任务，即民政要在社会建设中发挥"骨干作用"的精神，认为社区和社团是民政工作社会化的双足，加强社区组织和社团组织建设，充分发挥社区和社团的作用，是有力、有效推动民政工作社会化的重要路径。⑤ 林闽钢从完善社会救助服务的角度，提出推进政府购买社会救助服务的关键是确立政府主导和社会参与的管理体制和机制，可采取项目制的运作方式，同时需要强化社会救助服务的专业化、信息化和协同化的

① 时正新，许立群. 政社分开是推进社会福利社会化的必然要求——从温州市福利事业社会化看民政部门职能转变[J]. 中国社会工作，1998(4)：35-36.

② 潘娟. 社会工作人才开发的路径选择——基于甘肃省民政系统社会工作人才队伍调研的结果分析[J]. 社科纵横，2008(2)：72-74.

③ 苏学愚. 试行救助服务的政府购买　推进救助管理社会化——借鉴香港社会工作经验[J]. 湘潮(下半月)(理论)，2009(9)：22-23.

④ 王俊丽. 关于我国社会福利社会化的路径探讨——以银川市福利机构为例[J]. 法制与社会，2010(28)：183-185.

⑤ 冯婷. 社区与社团：民政社会化的双足[J]. 浙江学刊，2013(6)：54-58.

配套改革。①

　　李长训等从政府购买社会救助服务的角度，探讨了民政工作社会化的路径。他们以河南省民政厅委托第三方机构参与低保核查工作为例，探讨了社会救助工作社会化的实践经验。他们认为加大经费投入和创新工作机制，完善低保对象认定和分类救助制度，推动全省居民家庭经济状况核对机制建设，加强低保审核审批的程序管理，加大部门协同和统筹扶贫开发政策执行力度，能够有效提升民政工作的社会救助实践效果。② 唐钧、王婴认为，新时期推进民政工作改革创新，必须具有大局意识，必须强调人文关怀，必须具有国际视野，必须发挥整合优势。其中，发挥整合优势是落实习近平总书记提出的"更加注重改革的系统性、整体性、协同性"改革精神的内在要求和具体体现，发挥整合优势的关键是大力推动"三社联动"，即民政工作以社会服务为核心，以社区、社会组织和社会工作者"三社联动"为路径，力求达到"整体大于局部"的整合目标。③

四、民政工作社会化对策研究

　　民生工作是纷繁复杂的行政性、事务性工作，涉及方方面面。因此，关于如何推动民政工作社会化，不同的民政工作社会化所采取的路径和对策是不同的，而且不同的专家学者，即便是针对相同的民政工作，由于看问题的角度不同，也可能提出不同的社会化对策。中国社会治理研究会前秘书长何立军认为，深入推进社区、社会组织和社会工作者"三社联动"，是构建全民共建共享社会治理格局的根本出路，民政工作社会化的核心是全民共同享有、共同参与治理，因此在他看来，深入推进"三社联动"是推进民政工作社会化的根本出路。④ 侯利文、聂璞基于中国社会工作动态调查数据，从民政社会工作者的角度，探讨了民政社会工作者的专业认同与职业发展问题，调查结果表明：民政社会工作者工作压力较

---

　　① 林闽钢. 关于政府购买社会救助服务的思考[J]. 行政管理改革，2015(8)：24-27.

　　② 李长训，董辉，张亚非. 政府购买社会救助服务案例研究——以河南省民政厅委托第三方机构开展低保核查工作为例[J]. 社会政策研究，2017(5)：104-115.

　　③ 唐钧，王婴. 民政工作怎样改革创新[J]. 中国党政干部论坛，2017(6)：72-74.

　　④ 何立军. 深入推进"三社联动"构建全民共建共享的社会治理格局——民政部召开全国社区社会工作暨"三社联动"推进会[J]. 中国民政，2015(20)：30-31.

大，但总体上较认同社会工作专业，对职业怀有热情，对工作单位归属感较强，工作角色定位较为清晰，并拥有良好的专业技能。但是，较为繁重的工作任务、较大的工作压力使得民政社会工作者具有明显的职业倦怠感，导致了社会工作者产生抑郁情绪问题。同时，由于受到领导或制度的制约，社会工作者对宏观社会工作的认知相对较弱，民政社会工作的专业化发展严重滞后。但是，该文献并没有提出进一步推进民政工作社会化的对策建议。①

周瑛等从民政工作项目化的角度探讨了推进民政工作社会化问题。他们认为，项目化运作是一种被各类组织广泛运用的管理方法，该方法能够在管理者有限的资源约束条件下，运用系统的观点、方法和理论对项目涉及的全部工作进行科学有效的管理，项目化运作保证了民政工作管理的灵活性和管理责任的分散，是以目标为导向解决民政工作存在问题的思路。大力推进民政工作项目化，提高社会力量在民政工作相关项目中的参与程度，能够有效提升民政工作效率。②

魏伟立足大数据发展背景，从民政档案管理的角度，探讨了民政工作社会化的对策建议。他认为民政系统肩负着社会管理的重要职能，民政工作业务范围广，行业跨度大，积累下来的民政档案数量庞大、管理复杂和难度大，在大数据快速发展的背景下，需要加快民政档案管理的信息化水平，创新民政档案管理方式，引入企业大数据系统，优化民政档案管理体系，提升民政档案管理水平，进而造福于民。③徐蕴、张世华以低保核查工作为例，探讨了专业服务如何推进民政工作效率提升。他们指出，低保审批权限下放到乡镇以后，以前需要一个月才能完成的低保核查任务，现在只需要两周时间即可完成，大大缩短了低保工作核查的等待时间，显著提升了低保工作核查效率。④

① 侯利文，聂璞. 民政社会工作者的专业认同与职业发展——基于中国社会工作动态调查(CSWLS2019)的数据分析[J]. 社会工作，2021(3)：63-78，109.

② 周瑛，彭华，李锋华. 民政工作项目化运作研究[J]. 中国民政，2011(9)：25-27.

③ 魏伟. 大数据背景下民政档案管理工作创新路径探析[J]. 经贸实践，2015(12)：163.

④ 徐蕴，张世华. 专业服务让民政工作靶向更精准——广西镇(街)社工站建设观察[J]. 中国社会工作，2020(31)：23-24.

第三节 民政工作社会化的研究目标与内容

一、民政工作社会化的研究目标

民政工作社会化的研究目标，包括总目标与分目标两个方面。总目标是通过深入研究民政工作社会化的现状、成效与问题，找到民政工作社会化滞后的原因，借鉴国外民政工作社会化的经验，提出推动中国民政工作社会化的对策建议。

民政工作社会化的分目标具体包括：

第一，明确界定民政工作社会化的内涵，从民政工作社会化的必要性和可能性两个方面，深入分析民政工作社会化的理论价值。

第二，系统分析民政工作社会化的现状、模式与成效。具体内容集中在从哪些方面来总结民政工作社会化的现状、模式与成效，以及取得了什么样的实践效果。

第三，系统梳理民政工作社会化存在的问题与原因。具体内容集中在从哪些方面来审视民政工作社会化存在的问题与原因，以及存在哪些具体问题和原因。

第四，深入分析民政工作社会化的参与意愿及其影响因素。民政工作社会化的核心是社会力量的参与，社会力量的参与意愿及其影响因素，是应该考虑的重要内容。因此，深入分析民政工作社会化的参与意愿及其影响因素，是本课题的重要目标之一。

第五，深入总结国外发达国家民政工作社会化的实践做法与经验。

第六，深入总结基层民政能力建设的困境与解决路径。

二、民政工作社会化的研究内容

本书对民政工作社会化的研究内容，主要包括八个部分，具体而言：

第一部分为导论，是民政工作社会化问题研究的总体研究设计。具体内容包括五个方面：一是阐述民政工作社会化的背景与意义，结合中国社会主要矛盾转化、人口老龄化高龄化发展以及政府职能转变和民政社会力量的逐步壮大等多个方面，阐述民政工作社会化研究课题的理论与现实意义。二是从民政工作社会化的概念研究、内容研究、路径研究和对策研究等四个方面，系统总结国内外民政工作社会化研究的主要进展。三是明确指出民政工作社会化的研究目标与内容，其中，研究目标包括总的研究目标和具体的研究目标。四是阐述民政工作社会化的研究思路与方法。五是介绍民政工作社会化研究的创新之处与有待进一步完善的地方。

第二部分为民政工作社会化的内涵与理论分析，即在明确界定基本概念的基础上对民政工作社会化进行理论阐述。具体内容包括三个方面：一是概念界定。详细阐述什么是民政工作、如何理解社会化以及如何理解民政工作社会化三个概念。二是民政工作社会化的必要性分析，从国家治理体系和治理能力现代化、民政工作的三大特点(多层次、专业化和个性化)以及民政部门相关资源的有限性与民生需求的无限性之间的矛盾等三个方面，阐述民政工作社会化的必要性。三是民政工作社会化的可能性分析，从民政工作的基本特点、服务提供方式、社会福利发展趋势以及新公共服务的理论进展等四个方面，阐述民政工作社会化的可能性。

第三部分为民政工作社会化的现状、模式与成效，即对民政工作社会化的实践效果进行评估。具体内容包括三个方面：一是民政工作社会化的现状，从民政工作参与主体、民政事务资金筹集、民政工作主要内容以及民政服务提供过程四个方面总结民政工作社会化的现状。二是民政工作社会化的主要模式，从政府购买服务模式、社会资本参与模式、志愿者志愿服务模式三个方面，系统总结国内民政工作社会化的实践模式，并以养老机构改革为典型案例，对重点领域民政工作模式进行总结。三是民政工作社会化的实践成效，从民政工作法律法规体系逐步健全、民政工作社会化程度逐步提高、民政工作社会化量能日益增强和民政工作效率明显提升四个方面，总结民政工作社会化的实践成效，并以SOS儿童村为例，总结民政工作社会化在典型领域中的实践成效。

第四部分为民政工作社会化存在的主要问题与原因分析，即民政工作社会化的短板及其制约因素。具体内容包括两个方面：一是民政工作社会化存在的突出问题，从社会主体多元参与不足、服务方式多样化发展不足、服务队伍专业水平较低和运行机制市场化程度不高四个方面，阐述民政工作社会化存在的主要问题。二是民政工作社会化发展的制约因素，从政府职能的越位、缺位与错位以及社会组织自身发展不足与外部环境限制和民政服务供需结构失衡三个方面，总结民政工作社会化发展中的制约因素。

第五部分为民政工作社会化的参与意愿及其影响因素，即从主观上回答民政工作社会化的参与意愿及其结构差异。民政工作社会化的主观意愿，可以从不同的参与主体进行考察，但是，由于《国务院关于加快发展养老服务业的若干意见》(国发〔2013〕35号)明确提出，要鼓励"大中小学学生参加养老服务志愿活动"，因此，本书以大学生为例来分析民政工作社会化的参与意愿及其结构差异。具体内容包括四个方面：一是民政工作实践中的大学生参与行为与参与意愿，包括参与行为与参与意愿的现状、参与行为与参与意愿的个体差异等。二是大学生的参与能力自我评估与参与倾向选择。三是大学生的参与兴趣和参与形式。四是大学生参与社区养老服务的目的与参与方式的选择。

第六部分为民政工作社会化大学生参与意愿的影响因素，即从实证的角度分析具备什么样特点的大学生群体愿意参与社区养老服务。具体内容包括四个方面：一是实证分析数据来源情况介绍，包括调查数据的抽样方法、样本设计、问卷内容设计以及样本基本情况。二是主要变量选择及其描述分析，包括因变量、自变量和控制变量的选择及其描述分析。三是民政工作社会化大学生参与意愿的实证回归结果及其解释。四是民政工作社会化大学生参与意愿影响因素的研究结论与政策启示。

第七部分为民政工作社会化的国际经验与借鉴，即发达国家是如何推进民政工作社会化的。具体内容包括三个方面：一是国外民政工作社会化的参与主体，从个人、社会企业和公益团体三个方面总结国外发达国家民政工作社会化的参与主体。二是国外民政工作社会化的参与内容，从资金筹集、服务提供和监督管理与绩效评估四个方面，分析国外是从哪些方面推进民政工作社会化的。三是民政工作社会化实践中政府与社会的关系。

第八部分为民政工作社会化的对策建议，即从民政基层能力建设的角度，探讨推动民政工作社会化的可行路径。具体内容包括三个方面：一是阐述基层、基层民政能力的基本内涵以及基层民政能力建设与民政工作社会化的关系。二是总结基层民政能力建设，面临的缺人、缺钱、缺硬件和缺软件(缺协同)四大困境。

三是从存量改革、增量调整、政府购买服务和借力"互联网+"四个方面，提出加强基层民政能力建设、促进民政工作社会化效力提升的对策建议。

第四节　民政工作社会化的研究思路与方法

一、民政工作社会化的研究思路

民政工作社会化问题研究，将按照以下思路逐步展开研究，即提出问题→理论分析→现状分析→成效评估→问题与原因分析→参与意愿与影响因素→国外经验借鉴→对策建议。具体而言：

第一，在问题提出部分，本课题重点介绍了民政工作社会化问题研究的背景与意义，系统总结了国内外相关问题研究进展并指出其中存在的不足，为本课题研究目标、内容与思路的确定提供依据。

第二，在理论分析部分，本课题重点阐述了民政工作社会化相关的几个概念的基本内涵，包括民政、民政工作、社会化和民政工作社会化等，在此基础上阐述了民政工作社会化的必要性和可行性。

第三，在现状分析与成效评估部分，本课题重点分析了民政工作社会化的现状、成效与模式。

第四，在问题与原因分析部分，本课题系统总结了国内民政工作社会化存在的主要问题与制约因素。

第五，在参与意愿及其影响因素分析部分，本课题利用实证调查数据，以大学生为典型分析群体，检验了该群体民政工作社会化的参与意愿及其影响因素。

第六，在国外经验借鉴部分，本课题从民政工作社会化的参与主体、参与内容、参与机制以及政府职责等方面，总结了国外的实践经验及其启示。

第七，在对策建议部分，本课题立足基层民政能力建设，从提升基层民政能力建设的视角，拓展民政工作社会化的发展空间。

二、民政工作社会化的研究方法

本课题坚持理论分析与实证研究相结合、定性分析与定量研究相结合，深入探讨民政工作社会化及其实现路径，具体研究方法包括以下五个方面：

第一，文献研究法。该研究方法，主要用于收集、整理和分析国内外民政工作社会化的研究文献，包括专著、论文、研究报告、网络文章以及报纸文章等，主要体现在第一章导论中的问题提出以及国内外研究文献综述部分。

第二，调查研究法。该研究方法，主要用于收集民政工作社会化参与意愿及其影响因素的实证研究部分。本书采用多阶段分层随机抽样的方法，首先按照中国高校的地区分布、学校类型分布以及学校专业分布等情况，分别在东中西部地区的"985高校""211高校"、省属重点高校以及普通本科高校等选择调查对象，然后再以选定高校、选定专业的某一个班为整群抽样单元，抽取本课题的调查对象。

第三，深度访谈法。该研究方法，主要用于收集民政工作社会化参与意愿及其影响因素以及民政工作社会化需求的深层次原因的阐释。同时与用于民政工作社会化存在的主要问题及其原因的深入阐释。

第四，计量分析法。定量分析法包括描述性统计分析、卡方检验、多元回归分析方法等。这些研究方法，主要用于民政工作社会化的参与意愿及其影响因素的实证分析方面。

第五，比较分析和归纳总结法。该研究方法，主要用于比较分析国外民政工作社会化的实践做法和经验，并归纳出对我国民政工作社会化的政策启示。

第五节　民政工作社会化的研究创新及不足

一、民政工作社会化的研究创新

本课题研究的创新之处在于以下五个方面：

一是多维度综合研究。民政工作社会化问题研究不仅限于对民政工作社会化的理论探讨，还结合了现状分析、成效评估、模式探讨以及国际经验借鉴等多个维度，形成了一个全面而深入的研究体系。这种多维度综合性的研究方法有助于全面理解民政工作社会化的内涵、现状和发展趋势。

二是关注大学生参与社区养老服务。在第五章中，本研究特别关注了大学生参与社区养老服务的意愿，这是一个相对新颖且重要的研究视角。大学生作为社会的新鲜血液，他们的参与意愿和行动对于推动民政工作社会化具有重要意义。研究大学生参与社区养老服务的意愿和影响因素，有助于探索如何更有效地利用大学生资源，促进民政工作的社会化发展。

三是深入分析参与意愿的影响因素。第六章专门探讨了民政工作社会化参与意愿的影响因素，这是一个深入且具体的研究内容。通过深入分析各种影响因素，可以为制定更有效的政策和措施提供依据，推动更多人积极参与民政工作。

四是较为系统地总结国际经验。在第七章中，本书提出了民政工作社会化的国际经验借鉴，这是一个具有前瞻性和创新性的研究内容。通过借鉴国际上的先进经验和做法，可以为我国的民政工作社会化提供新的思路和方法，推动我国的民政工作更好地与国际接轨，实现更高水平的发展。

五是理论与实践相结合。整个研究框架既注重理论探讨，又紧密结合实践，通过现状分析、模式探讨和案例分析等方式，将理论与实践相结合，形成了一套既有理论深度又有实践指导意义的研究成果。这种理论与实践相结合的研究方法有助于推动民政工作社会化的实践探索和理论创新。

二、民政工作社会化的研究缺陷

该研究的不足之处可能包括以下七个方面：

一是数据和方法论的局限性问题。尽管研究框架涵盖了广泛的领域，但具体的研究方法和数据来源可能未被明确提及。如果研究方法不够严谨，或者数据来源不够可靠，那么研究结果的可信度和有效性可能会受到影响。

二是缺乏案例深度分析。虽然本书第三章在一定程度上涉及模式探讨，但如果没有针对具体的案例进行深入的分析，那么可能无法充分揭示民政工作社会化在实践中的具体问题和挑战。

三是问题分析与原因探讨的片面性。第四章"民政工作社会化存在的问题与原因"可能会受到研究者视角的局限，导致对问题和原因的分析不够全面和深入。可能存在遗漏重要问题或原因的情况。

四是参与意愿研究的局限性。第五章专门针对大学生参与社区养老服务的意愿进行研究，但可能忽略了其他社会群体（如企业、社会组织等）的参与意愿，这些群体在民政工作社会化中也扮演着重要角色。

五是影响因素研究的复杂性。虽然第六章探讨了民政工作社会化参与意愿的影响因素，但影响因素可能十分复杂且多样，涉及经济、社会、文化等多个方面，这要求研究者具备跨学科的知识和综合分析的能力。

六是国际经验借鉴的适用性问题。第七章借鉴了国际经验，但不同国家和地区的背景、制度和文化差异可能导致某些经验无法直接应用或需要适当的调整。因此，在借鉴国际经验时需要充分考虑其适用性和可行性。

七是实现路径的实践性不足。第八章提出了基层民政能力建设的实现路径，但是，如果没有结合具体的实践案例或经验进行总结和提炼，那么，这些实现路径可能缺乏实践性和可操作性，有待后续研究进一步深化和完善。

第二章 民政工作社会化的内涵与理论分析

在经济发展新常态、大力推动国家治理体系和治理能力现代化以及传统民政向现代民政转型的时代背景下，民政工作社会化既是民政工作创新发展的重要方向，也是民政工作主动适应当前社会制度转型、经济体制转轨、政府职能转变以及民生需求多样化、个性化等新形势的内在要求和重要体现。因此，民政工作社会化，对于形成高效顺畅的新型民政体制机制、构建普惠均等的民生保障格局、实现民政事业社会治理的现代化、建成具有中国特色的法治民政具有重要意义。

第一节 民政工作社会化的内涵

一、什么是民政工作

"民政"一词在中国具有深厚的文化与社会根基，是一个源远流长的历史范畴，在其不断的历史演进中，既有一脉相承、生生不息的永恒成分，也有与社会发展同行、与时代发展同步的新鲜内容；既有中国特色的社会事务管理工作，也有与世界各国政府相似、相通的元素。我国民政工作具有多元性、群众性、社会性、协调性、开放性和基础性的特点。"民政"在古时被称为"民事"，其词源可以追溯到唐代的"安民立政"之说，而"民政"这一概念的正式提出，是从北宋司马光"修治民政"开始的。由于封建时代的社会结构以及行政体制较为单一，民政的定义可以归结为"军政"以外的一切社会管理事务。但是，由于没有专门的"民政"部门设立，民政的职能散落在其他各个部门，乡绅治理和家族宗法自治在地方性民政事务方面也起到了很大的作用。

中华人民共和国成立后，中央人民政府设立内务部(今民政部)，管理全国民政工作。为适应改造旧社会、建立新社会的需要，1950 年，时任内务部部长谢觉哉在第一次全国民政会议中指出，民政工作以政权建设、优抚、救灾为工作重点；在 1953 年第二次全国民政会议中，朱德同志亦强调：民政部门的首要工作，是要加强政权建设，特别是基层政权的建设。其次是要做好对烈属、军属、革命残废军人、复员转业军人的抚恤和安置工作。[①] 同时，还要开展生产救灾、社会福利、取缔妓女、禁烟禁毒、改造游民等多项工作，内容比较宽泛与繁杂。1954 年至 1955 年第三次全国民政会议召开之后，内务部放弃继续加强地方政权建设的计划，确定了"以优抚、复员、救灾、社会救济为主要业务，并相应地做好其他民政工作"的民政工作方针。[②] 此后至 1960 年第六次全国民政会议召开，"优抚、复员、安置、救灾和社会救济"一直是民政部门的主要业务。但是，这一时期民政工作的重心主要集中在"建立和稳定社会秩序"方面。事实上，由于时代背景、经济体制、社会政治经济环境的变化和差异，不同时期民政工作的组织结构、职能任务、管理体制以及工作理念也存在较大差异，但也都呈现出与当时的政治制度、经济政策相契合与适应的特点。按照上述标准，中国的民政大致可划分为新生初建阶段（1949—1953）、调整变化阶段（1953—1968）、受挫削弱阶段（1968—1978）、重建恢复阶段（1978—1992）以及加快发展阶段（1992—　）等五个阶段。

我国民政工作的概念经历了以下几种说法和阶段：一是"三个一部分说"，民政工作是社会保障的一部分、行政管理的一部分和政权建设的一部分，持该观点的代表人物是民政部前部长崔乃夫，他在 1983 年提出该观点。[③] 二是"四个方面说"，即民政工作是管理专项社会事务方面的工作、基层民主政治建设方面的工作、国防和军队建设服务方面的工作以及社会救助和社会福利方面的工作，持

① 李凤瑞，刘福旺. 中国民政的发展里程——历次全国民政会议回顾[J]. 中国民政，2000(2)：17-19.

② 中国政府网. 民政部简介[EB/OL].（2024-02-26）[2024-07-09]. http：//www. gov. cn/fuwu/2014-02/26/content_2622345. htm.

③ 崔乃夫. 关于民政理论中的几个问题——韩京承同志《民政散论》书序[J]. 社会工作，1995(2)：4-5.

有该观点的代表人物是民政部前部长多吉才让，他在 1998 年提出该观点。① 三是"三任务说"，即门诊工作是"保障民生、发展民主和服务社会"的行政性工作，持有该观点的代表人物是民政部前部长李学举，他于 2009 年在关于《用科学发展观认识、定位、推进民政工作》的重要讲话中明确提出该观点。四是"大民政说"，即民政工作是提供更多更好的福利保障资源和服务，建立制度化、一体化、均等化的适度普惠民生保障福利体系的行政性工作，持有该观点的代表人物是中国人民大学教授郑杭生，他在 2011 年提出该论断。②

不难看出，伴随国家行政体制改革、经济体制转轨与社会结构转变，民政工作在助推国家现代化进程不断加快的同时，其自身也完成了由"传统民政"向"现代民政"的转型。尽管在上述五个发展阶段中，民政工作的业务内容发生了一定程度的变化，但民政工作的核心任务和理念，即"以民为本、为民解困、为民服务"的工作理念以及由此所衍生的职责定位却没有发生任何实质性的改变。归结起来主要有"保障民生、发展民主、服务国防、激活社会、提升福利"等职能。在新的民生建设时代背景下，民政工作的重要性日益凸显，人民群众对民政工作及其服务需求的形式和内容更加多元化和多样化。这也为民政工作社会化提供了重要动力。

民政工作很重要的一个特点就是它与社会治理、社会发展紧密相连。从宏观层面上讲，它是国家（政府）的一种社会政策的具体体现，在处理社会问题、调整社会关系、稳定社会秩序、促进社会事业发展发挥骨干作用，牵涉社会成员的切身利益；从微观操作层面上看，民政工作作为社会福利和社会服务的载体，是社会工作和群众工作的一部分，能够通过社会行政提供群众化和多元化的服务，实现群众的自我管理。因此，民政工作本身的群众性和社会性使得其必须广泛依靠群众和动员社会力量，坚定不移地走社会化道路，但社会治理体系和能力的现代化以及政府职能的加快转变，暴露出政府包办过多、治理理念落后、居民参与度不高、市场力量运用不足等问题。此外，社区自治功能不

---

① 常宗虎."民政工作整合问题"研究述评[J]. 长沙民政职业技术学院学报，2003（2）：1-6.

② 方舒，彭莉莉. 现代民政论纲：社会福利与当代中国社会的深层对话[J]. 学习与实践，2016（7）：81-89.

强、社会需求多元、民办社会工作服务机构规模较小、社会工作专业人才数量不足等也制约着社区服务和社会治理的发展。作为成熟社会发展的两大重要支柱和微观基础——社区和社会组织，二者在当前的社会治理与社会发展中参与度较低，这势必影响了社会和国家现代化的实现，迫切需要完善相应的体制机制和平台载体，引导社区和社会组织参与民政工作提质增效、业务创新和"供给侧"改革的过程中来。

纵观我国民政工作的发展历程和概念演变，从"以优抚、复员、救灾、社会救济为主要业务"，到"三个一部分"、保障人民的基本生活权益、"四个方面"，再到"保障民生、发展民主和服务社会"以及"现代民政""大民政"的提出，社会保障始终是民政工作的一个重要内容，无论在哪个时期，社会保障都发挥着"保基本、补短板、兜底线"的作用，同时，民政工作的社会福利功能越来越受到重视，建立适度普惠型的社会福利制度①和均等化的基本公共服务体系成为新时期的重要突破点，另外，基层政权建设、专项社会事务管理、社会组织管理等都是民政工作的重要领域。因此，我们将民政工作界定为：以改善民生、服务民众为根本任务，以保障民生、促进基本公共服务均等化为目标，以提供私人或者社会不愿意提供、或者没有能力提供的公共产品为主要职能，包含公共服务、社会管理、社会建设等方面的政府行政工作。

二、如何理解社会化

社会化的概念源于社会学，现已应用到经济学、行政管理学和社会保障学等诸多领域。"社会化"这一概念，涉及"化"和"社会"两个词。"化"既是一种过程，也是一种状态：作为一种过程，指的是民政工作越来越多地由社会来提供；作为一种状态，指的是绝大部分民政工作由社会来提供。社会化的关键问题是"社会"，我们认为，社会有广义和狭义之分。广义的社会，是指除政府之外的一切社会力量，即私营企业、社会企业、社会组织、慈善团体以及个人甚至国际友人等；狭义的社会，指的是其中的某一个方面，如社会组织或个人等。

① 中华人民共和国民政部. 适度普惠型福利模式探索［EB/OL］.（2008-12-18）［2024-07-18］. http：//shfl. mca. gov. cn/article/llyj/sdphts/200812/20081200024641. shtml？2.

社会学中的社会化主要指人的社会化，是指个体在特定的社会环境中，学习和掌握知识、技能、语言、规范、价值观等社会行为方式和人格特征，逐步适应社会并积极作用于社会、创造新文化的过程。经济学中的社会化主要指生产的社会化，是指从封闭的、自给自足的小农经济向开放的、商品化的市场经济转变的过程。行政管理学中的社会化主要指管理主体的多元化，是指从计划经济体制下政府单一管理主体向市场经济体制下多元主体参与管理的转变过程。社会保障学中的社会化是指生存风险分散范围的扩大化，西方社会保障的社会化主要指社会福利提供主体的"福利国家化"向"福利社会化"转变，中国社会保障的社会化主要指由过去的个人或家庭抵御风险向现在的由国家和全社会力量共同抵御风险转变的过程。社会化有两个重要特点：一是强调个体性向群体性的转变；二是强调群体中个体之间的相互联系和相互依存。①

那么，是否达到社会化的标准、社会化的程度如何，我们把以下方面作为社会化的评判标准：一是民政资源供给主体多元化，即广泛动员和集结社会资源发展民政服务，发挥各级民政部门、企事业单位、有关社会组织及个人等社会力量参与民政工作的积极性。二是民政服务提供方式多样化，即通过建立数据库和信息中心、发展政府向社会力量购买服务、拓宽慈善领域等各种形式，把适合社会力量提供的民政工作转移给社会力量承担。三是民政事业资源配置均衡化，即进一步将公共资源的配置向农村基层尤其是向欠发达地区的农村倾斜，稳步提高基本公共服务均等化水平。四是民政服务受益对象全民化，即优先解决特殊群体、困难群体、优抚群体的民生问题，同时将边缘人员及全部群众纳入服务范围，提高全民社会福祉水平。

三、民政工作社会化

民政工作社会化这一概念，涉及"化"和"社会"两个核心词汇。"化"既是一种过程，也是一种状态：作为一种过程，是指民政工作不断走向由"社会"主体参与或提供的过程，这一过程或缓或急；作为一种状态，是指经过上述"过程"化的阶段，转变为绝大部分民政工作由社会主体来提供的"结果化"状态。社会

---

① 郭凡. 从广州的实践看民政工作社会化[J]. 探求，1998(3)：30-32.

化的关键问题是"社会"的参与问题。社会有广义和狭义之分，广义的社会，是指除政府之外的一切社会力量，包括私营企业、社会企业、社会组织、慈善团体以及个人甚至国际组织、国际友人等；狭义的社会，指的是其中的某一个方面，如社会组织或个人等。因此，所谓民政工作社会化，是指将现行民政职责业务中适宜由社会主体(私营企业、社会企业、社会组织、社会个体)提供的职责业务以恰当的方式(公私合作、政府购买服务等)交由社会主体承担，而且社会主体不应该是某一部分主体，而应该是一种全民总动员，通过充分调动与培养社会主体的积极性与能力，达到社会主体在民政政策执行与民政业务实践中发挥重要作用的一种过程或状态。

民政工作社会化的实质是国家(政府)、社会与个体之间相互关系的重新塑造，民政工作社会化具体体现在以下六个方面：

一是参与主体多元化。以鼓励与引导社会力量参与为基本导向，形成由政府、社会组织、社会企业、私营企业、社会个人等多方主体"协同参与，合作共赢"的参与格局。

二是资金来源多元化。以鼓励与引导社会资本参与为基本导向，形成以社会个人出资为基础，以社会资本参与为主体，以政府出资为补充与兜底的多方筹资格局。

三是服务对象全民化。尤其是在社会福利方面，服务对象应该从过去的"补缺式"向"普惠式"转变，为全体人民提供普惠均等的民政服务。

四是服务队伍专业化。专业化是有效满足民政业务个性化发展的内在要求。专业化体现在：有稳定的职业人才队伍，有规范的服务标准和操作规范，有健全的服务质量评价体系。

五是服务内容多样化。民政工作内容，既包括满足社会弱势群体(如低保户、五保户等困难户)基本生存需要的民政服务，也包括满足特殊群体(如优待抚恤对象)特殊需要的民政服务，还满足广大民众的个性化、多层次等基本需要和其他高端消费需要的民政服务。

六是提供方式多样化。形成以政府直接提供和政府购买服务为基础，以社会力量提供为主体，以公益志愿组织自愿参与为补充，以"互联网+"为平台，服务提供手段现代化的民政服务提供格局。

第二节　民政工作社会化的必要性

一、国家治理体系和治理能力现代化的需要

随着中国社会体制转型与经济体制转轨进程的加快，传统的以血缘关系和亲缘关系为纽带的"熟人社会"和"人情社会"，正在向以契约关系为纽带的"无缘社会"和"法治社会"转变。在这种宏观社会背景下，传统的以"官本位"思想为主导、以"行政控制"为主要手段"自上而下"的社会管理方式，难以适应现代社会发展的需要。基于此，党的十八届三中全会提出国家治理体系和治理能力现代化的宏观构想。社会治理与社会管理虽然只有一字之差，但是却预示着国家治理手段与治理方式的重大转型。社会治理与社会管理有诸多不同点，比如社会治理的终极目标是善治，而社会管理的终极目标是善政；社会治理更强调服务，而社会管理更强调控制；社会治理更强调横向之间的协同治理，而社会管理更强调自上而下的行政垄断；社会治理更强调社会力量的参与，而社会管理更强调政府的大包大揽等。

国家治理体系和治理能力现代化是一个多元的行动体系，社会治理创新需要构建包括多元的主体、多维的方式、多渠道资源的调动、多向度的目标建设以及多方面的具体任务。民政工作所包含的业务和民生保障、社会稳定、基层政权建设、社会活力释放等有深刻的内在关系。换言之，其主要处理的是人民内部矛盾和社会发展过程中的诸多弊病，这些问题和矛盾直接影响了社会的稳定与和谐。作为基层政权建设与社会活力程度的直接指导部门，民政工作的效率直接关系着基层政权建设的质量与社会活力的释放程度。因此，大力推进民政工作社会化，通过充分发挥社团、民办非企业单位、行业组织和社会中介组织等提供服务、反映诉求、规范行为的作用，发挥社会福利机构、慈善机构和社区服务机构服务群众、满足需求、分忧解愁的作用，通过社会化的多元参与机制，使大量的矛盾和难题通过社会化渠道分流，使社会的活力进一步得到激发。

二、民政工作多层次、专业化、个性化的需要

民政工作是一个庞大的系统工程。民政工作的系统性，一方面体现在民政工作内容的多元性和复杂性，中华人民共和国的民政工作内容从"三个一部分"向"大民政"逐步扩展，既体现了民政工作理念的与时俱进，也极大地丰富了民政工作的内容；另一方面体现在，民政工作作为一种组织群众服务群众的工作，其服务对象和服务范围正逐步扩展。服务对象的扩展，体现在从民政工作正从过去的"残补式"向"普惠式"转变。同时，人民群众是一个明显的异质性群体，人民群众的民政服务需求也是多元化和个性化的。

民政工作的多层次性，是由民政工作内容本身和民政工作服务对象共同决定的，且主要是由于保障对象的不同而带来的保障水平的差异性。从民政工作内容上看，民政工作既包括基层政权建设，也包括行政管理，还包括社会保障制度建设，每一个方面都是有层次性的。从民政工作服务对象看，如养老服务，它既包括了满足广大贫困老年人口的生存服务需求，以起到托底的作用，让他们的生存权得以保障；也要满足绝大多数非贫困老年人的基本生活需要，让他们的发展权得以实现；还要满足军人及其家属、烈士及其家属、灾民和难民等特殊群体的特殊需求，让他们享受应该享有的优先权和保障权。

值得指出的是，尽管民政工作的具体任务纷繁复杂、职能范围几经调整，但它最基本、最重要的任务始终不变，就是照顾最需要帮助的弱势群体，即低保、救助、救灾、优抚、老人、孤儿等，这是民政工作的总基调，在社会保障中发挥兜底作用。因此，解决特殊群体、困难群体、优抚群体等基本民生问题，始终是民政工作的基本工作职责。但是，随着经济社会的快速发展，我国社会结构正面临深刻变革，人民群众对民政领域公共服务的要求越来越高，公共需求正逐步由生存型向发展型升级。民政工作已不再局限于特定的弱势群体、困难群体、优抚群体，而是为所有公民提供普及性福利服务，服务范围也不再局限于传统的民政工作范围，而是旨在满足不断变化的社会需要的所有领域。①

民政工作的专业性，既是民政工作发展的基本趋势，又具有鲜明的时代特

---

① 刘继同. 新时期民政工作的战略定位与积极福利政策[N]. 中国社会报，2003-06-19.

点，它主要体现在民政服务提供的技术性和门槛要求。

从发展趋势上看，古代的民政是与军政相对的概念，也就是说除了军政以外的一切事务，包括教育、医疗、消防、公安、婚姻、祭祀、土地、穷人救济、灾民救助等，都在民政的管理范围内，但是现代民政工作，已经把很多具体事务分离出去，这本身就体现出日益专业化的特点。民政工作有自己的专业性，必须走专业化道路，所有民政业务方面的工作都是如此。例如，民政工作中社会建设与改革问题需要相关专家对民政发展趋势有清晰的思路和高远的眼界，民政工作中社会管理和服务问题需要工作人员具备相应的管理和服务能力。民政工作专业化的关键，就是加强民政人才队伍的专业化建设。只有专业的人员运用专业的理论、专业的方法、专业的技能提供专业化的社会工作服务，才能够更加科学地、系统地帮助处于困境中的群体解决困难，更好地起到化解社会问题、推动社会发展的作用。因此，社会工作人才队伍的建设，是适应民政领域专业技术发展和行政管理服务的需要，对推进新形势下民政事业的发展至关重要。

从时代性上看，民政工作的内容是丰富而又多元化的，有些基础性的服务工作并不需要太高的门槛和技术要求，如代理购物、定期回访、信息登记等，但是有些民政服务的提供却需要很高的门槛和专业技术，如对失能老年人的长期护理，对智力障碍儿童的智力恢复教育，对因自然灾害或重大意外事故导致的伤残人员的心理治疗等，这些民政服务都需要专业性的社会工作者来完成，一般的民众尽管有参与的热情，却没有参与的能力。

民政工作的个性化由民政服务范围的逐步扩大和个体需求的日益多样化共同决定。民政工作范围的扩大，一方面是因为快速的社会转型和体制转轨，带来了大量的社会新问题和新矛盾，作为"安民""扶政"的重要工具，民政发挥着日益重要的作用；另一方面是因为随着社会建设力度的加大，社会保障体系逐步健全，社会保障对象日益增多，保障范围日益扩大。个体需求的日益多样化，主要是因为经济发展水平的提高、居民消费能力的日益增加以及个性化消费的日益增多。

在民政工作多层次、专业化和个性化发展背景下，传统的由政府大包大揽式的民政服务提供方式，已经难以适应民政工作多层次、专业化和个性化发展的要求，迫切需要社会力量的参与，实现民政服务提供主体的多样化。人类社会事务的形成与持续源于人类的联合行动，合作秩序的达成是"善治"格局形成的基础。实现民政工作的社会化发展，通过建立和完善多元角色的参与格局，塑造平等协商的参与机制，有利于凝聚共识、化解社会矛盾，激发各社会主体参与公共事务的积极性与活力，有利于集合多种优势实现社会决策的最优化，满足个性化的社会需求。

三、民政部门资源的有限性与民生需求的剧增

民政工作要求利用现有资源解决老百姓的民生需要，然而在当前体制下，民政部门人、财、物资源相当有限且条块分割、部门分割现象严重，难以形成合力。同时，老百姓的需求剧增且呈现愈加综合化、多样化趋势。民政部门有限而分散的资源，与民政对象增多、覆盖范围扩大、标准有待提高的需求不相适应，急需社会力量分担民政责任。

首先，有效整合各方资源、提高资源利用效率需要民政工作社会化。党的十七大之后，党中央提出要加快推进以改善民生为重点的社会建设，民政工作受重视的程度越来越高，但长期以来民政工作在经济建设、社会发展、党和国家工作战略部署与宏观发展战略中的边缘化地位，在很大程度上制约了民政工作改革与发展。尤其在基层，民政工作的受重视程度更为堪忧，突出表现为资金少、配套难、编制少、人员缺、基础设施薄弱等。与政府部门相比，私营企业、社会企业、社会组织、慈善团体、个人等社会力量，更能了解区域范围内居民对公共服务的选择偏好及效用，在资源优化配置方面更有效率。因此，聚合社会力量、加强民政工作的社会参与力度，是提高民政部门资源整合利用效率的需要。

其次，灵活把握民生需求、提高公共服务水平需要民政工作社会化。随着民生需求的剧增，民政工作关注和服务的对象不仅要包括传统的"三个群体"——特殊群体、困难群体、优抚群体，还要覆盖到全体社会成员，满足不同层次和具有不同利益诉求成员的服务需要。为此，民政部门必须在创新公共服务体制、改进公共服务方式、整合公共服务资源、不断满足人民日益多样化的公共服务需求上有更大的作为，但民政工作本身往往是以自上而下的模式开展的，难以提供个性化、多样化、系统化服务，民政部门硬给自己背上包袱的结果只能是吃力而不讨好。而社会力量在对民众需求的把握、对制度运行的灵活性方面更具优势，能

提供更具针对性的产品，更能满足民众的差异化需求，因此，需要广泛吸纳社会力量积极参与民政工作中。

最后，民政工作目标的有效实现，需要组织资源、物质资源、人才资源和平台载体资源的协同配合。随着社会风险、社会转型以及社会关系日趋复杂化，民众的需求呈现出不断变化与日益增多的趋势。与计划经济时期相比，市场经济环境下的民生需求无论是在数量、类型方面，还是在质量、水平方面，均呈现出急剧上升态势。在共建共享的民生发展时代，如何最大限度地满足民众日益增长的民生需求，是民政工作发展与转型的依归。但也应看到，民政部门资源的有限性以及专业服务能力的欠缺，加上人员、编制、经费、机构设施等方面的有限性，在满足个性化、高端性等的民生需求方面存在诸多不足之处。

综上所述，随着民政需求的日益增多，民政部门过去那种"把所有权力都攥在自己手里，把所有事情都揽在自己怀里"的做法是行不通的，是无效或低效的，是难以适应新形势下民政工作的需要的。因此，需要把民政工作社会化，即鼓励社会力量广泛参与。这既是一种社会创新，也是适应民政工作的多层次性、多元性、个性化、专业化发展的需要。满足日益增多的民生需求，既迎合现实社会发展的需要，也有坚实的理论支撑。最早对福利多元主义概念进行系统化讨论的学者约翰逊（Johnson N.）在其代表作《转变中的社会福利：福利多元主义的理论与实践》中指出，提供集体福利部门应包括公共部门、非正式部门、志愿部门和商业部门。这为民政工作社会化提供了重要理论支撑。

第三节　民政工作社会化的可能性

民政工作社会化是多种因素共同作用的结果。民政工作的基本特点和提供方式，为民政工作社会化提供了重要基础；国内外社会福利制度改革的基本趋势，为民政工作社会化提供了实践指导；新公共服务理论的快速发展，为民政工作社会化提供了理论依据。

一、民政工作的基本特点

民政工作的本质是政府行政，但与其他部门的工作有所不同，民政部门的工作内容尽管也有基层政权建设、地域域名管理等行政管理工作，但主要任务是处理与民众生老病死息息相关的事务。因而，所有民政工作的目的都是保障民生和改善民生，提供公共产品和公共服务是民政工作的基本任务。

民政工作的基本特点，可以概括为以下几个方面：一是民政工作的社会性。民政工作具有广泛的社会性，它涉及社会生活的各个领域，包括社会救助、社会福利、社区服务、婚姻登记、殡葬管理等，这些工作直接关系到人民群众的切身利益。二是民政工作的群众性。民政工作的服务对象是广大人民群众，尤其是社会中的弱势群体和特殊群体，如老年人、儿童、残疾人、困难群众等。因此，民政工作具有鲜明的群众性，要求民政工作者始终坚持以人民为中心的发展思想。三是民政工作的多元性。民政工作涵盖了多个领域和方面，具有多元性的特点。它不仅包括传统的业务领域，如社会救助、社会福利等，还涉及社区服务、社会组织管理、慈善事业等新兴领域。四是民政工作的服务性。民政工作本质上是一种服务性工作，要求民政工作者以高度的责任感和使命感，为人民群众提供优质、高效、便捷的服务。五是民政工作的法治性。民政工作必须依法依规进行，要求民政工作者严格遵守国家法律法规和政策规定，依法履行职责和义务。

民政工作的基本特点为民政工作社会化提供了内在可能性，具体体现在以下几个方面：

第一，社会性推动民政工作社会化进程。民政工作的社会性特点要求其必须关注社会生活的各个领域，满足人民群众多样化的需求。这种广泛的社会性为民政工作社会化提供了动力和方向。随着社会的发展和进步，人民群众对民政服务的需求日益多样化、个性化，民政工作必须不断拓宽服务领域，创新服务方式，以适应这种变化。因此，民政工作的社会性特点推动了其向社会化方向发展，使民政服务更加贴近群众、贴近生活。

第二，群众性增强民政工作社会化的基础。民政工作的群众性特点强调其服务对象是广大人民群众，尤其是社会中的弱势群体和特殊群体。这种群众性为民政工作社会化奠定了坚实的基础。在民政工作社会化的过程中，需要广泛动员和组织社会力量参与民政服务，形成政府主导、社会参与、多元共治的局面。而群众性的存在使得这种动员和组织成为可能，因为广大人民群众是民政服务的直接受益者，他们有着强烈的参与意愿和动力。

第三，多元性丰富民政工作社会化的内容。民政工作的多元性特点表现在其涵盖多个领域和方面，这种多元性为民政工作社会化提供了丰富的内容和形式。在民政工作社会化的过程中，可以根据社会需求和群众意愿，灵活设置服务项目和内容，提供多样化的服务方式。例如，可以通过政府购买服务、社会捐赠、志愿服务等多种形式，引导社会组织、企业、个人等多元主体参与民政服务中，共同满足人民群众多样化的需求。

第四，服务性提升民政工作社会化的质量。民政工作的服务性特点要求其必须为人民群众提供优质、高效、便捷的服务。这种服务性为民政工作社会化提供了重要的质量保障。在民政工作社会化的过程中，需要注重提升服务质量和效率，加强服务标准化、规范化建设，确保民政服务能够满足人民群众的需求和期望。同时，还需要加强服务监督和评估机制建设，及时发现和解决问题，不断提升服务质量和水平。

第五，法治性保障民政工作社会化的规范运行。民政工作的法治性特点要求其必须依法依规进行，这种法治性为民政工作社会化提供了规范运行的保障。在民政工作社会化的过程中，需要建立健全相关法律法规和政策体系，明确各方主体的权利和义务关系，规范服务行为和服务流程。同时，还需要加强执法监督和法律责任追究机制建设，确保民政服务在法治轨道上规范运行。

二、民政工作的提供方式

民政工作纷繁复杂、业务范围较广，其内部业务的性质无论在准入门槛以及标准要求等方面都存在一定的差距。那么，社会力量是否能够参与民政工作，通过哪些方式参与民政工作，社会力量可以参与哪些方面的民政工作呢？准确回答这些问题，无疑需要对民政工作进行分类。一方面，通过合理界定民政工作的种类，合理界定出可以有社会主体参与的民政业务或者公共服务供给。前文已经提及，民政工作是一种政府行政，是一种公共产品。因此，可以按照公共产品非非他性和非竞争性标准，把民政工作划分为纯公共产品、准公共产品和俱乐部产品。另一方面，在此基础上制定相应的民政业务标准与规范，完善社会主体参与公共服务提供的监督与引导体系。以上二者构成了社会主体提供民政公共服务的前提。

民政工作说到底是一种政府行政，基本任务是提供公共产品。奥斯特罗姆在《公共事务治理之道》一书中指出公共产品的四种提供方式，即政府提供、市场提供、政府与市场联合提供以及社区自行组织。国外实践表明，民政公共产品提供方的多元化是一种普遍趋势。以养老服务体系建设为例，西方发达国家当前社会养老服务提供方式有五种：即以社会效益和政治效益为导向的政府提供模式、以利益为导向的市场提供模式、以社会伦理为导向的社会组织提供模式、以道德和情感为导向的私人家庭提供模式以及兼而有之的公私联合提供模式。中国目前的民政公共产品提供模式中，政府提供模式占据了主要位置，但市场提供模式、政府与市场联合提供以及社区自行组织等模式正得到广泛应用。由于民政业务体系庞杂，既有纯粹的公共产品，又有"俱乐部"性质的公共产品。因此，依据民众需求、部门能力、产品性质等合理界定民政服务的提供方式，成为当前推进民政工作社会化的关键。

民政工作的提供方式为民政工作社会化提供了可能，具体体现在以下几个方面：

第一，民政工作的提供方式，促进民政工作从行政化向服务化转型。传统的民政工作往往带有较强的行政色彩，侧重于管理和控制。而随着服务理念深入人心，民政工作的提供方式逐渐从行政化向服务化转变。这种转变促使民政工作者更加关注公民的需求和满意度，以提供更加人性化、个性化的服务。这种服务化的提供方式有助于推动民政工作社会化的进程，使民政工作更加贴近民生、服务群众。

第二，民政工作的提供方式，推动民政工作引入新技术和新方法。随着科技的进步和社会的发展，民政工作的提供方式也在不断创新。例如，利用大数据、云计算等现代信息技术手段，可以更加精准地了解公民的诉求，提高服务的针对性和有效性。同时，还可以引入社会工作、心理咨询等专业方法，为公民提供更加全面、专业的服务。这种创新的提供方式有助于提升民政工作的社会化和专业化水平。

第三，民政工作的提供方式，要求鼓励社会力量的参与。民政工作的社会化离不开社会力量的广泛参与。通过政府购买服务、志愿服务等方式，可以吸引更多的社会组织、企业和个人参与民政工作。这种多元化的提供方式不仅有助于缓解政府部门的压力，还可以提高服务的覆盖面和质量。同时，社会力量的参与还可以增强公民的责任感和归属感，促进社会的和谐稳定。

第四，民政工作的提供方式，要求加强信息公开和监督。民政工作的提供方式如果更加公开透明，将有助于提升民政工作的公信力和形象。通过加强信息公开和社会监督，可以让公民更加了解民政工作的内容和进展，增强对民政工作的信任和支持。同时，还可以及时发现和纠正民政工作中存在的问题和不足，推动民政工作的不断改进和完善。

第五，民政工作的提供方式要求民政工作实现跨界合作与资源共享。民政工作的提供方式还可以促进民政工作与其他领域的融合。例如，与医疗卫生、教育、就业等领域的合作，可以形成优势互补、资源共享的局面。这种跨界合作不仅可以提高服务的综合性和效果，还可以推动社会资源的优化配置和高效利用。

三、社会福利发展的趋势

现代意义上的社会福利发展，可以追溯到 1601 年英国《济贫法》（旧济贫法）的颁布。回顾西方国家社会福利发展的历史进程可以发现，社会福利发展呈现出从无到有、从少到多、从低到高以及稳定发展的基本特点。从发展的阶段看，社会福利经历了以维护社会稳定为目标的生存型保障阶段，以体现社会制度优越性为目标的发展型保障阶段和以追求社会公平与经济效率为目标的责任分担型保障阶段。从发展的模式看，经过多年的发展，西方国家的福利制度实践经过了"补缺型、普惠型和发展型"，以及自由主义福利制度、保守主义福利制度和社会民主主义福利制度等分类模式。社会福利制度的核心思想是劳动力的去商品化以及公民权利，福利制度在维护社会秩序、保障个人生存与发展以及促进社会阶层流动等方面具有重要的意义。

以 20 世纪 70 年代西方国家两次石油危机为促动因素，伴随着欧元债务危机以及美国次贷危机波及范围的扩大，西方国家纷纷进行了以市场为取向的大规模福利改革，"私营化"占了相当重要的地位并成为西方国家社会福利体制的改革方向，福利国家理论逐渐被福利多元主义取代，步入多中心安排阶段。所谓福利多元主义，是指福利提供不局限于政府一家，而是由多个部门（如私营部门、社会组织、志愿组织等）、多个主体（政府、社会、个人、家庭等）共同提供，在民政工作领域则可以表现为公共产品和公共服务的提供主体、提供方式及提供对象等的多元化。

总体上看，社会福利体制呈现出一种去福利化、福利责任私人化以及福利提供社会化的趋势。一方面，公私合作成为一个重要的方向。即由于福利递送体系中的效率低下和经济状况的不景气，在满足民众福利服务需求的过程中，让更多的私人部门、社会组织以及个人参与其中，尽可能地不让民众的福利水平下降。另一方面，尽管经济状况对政府的福利提供产生影响，但福利开支扩张以及福利服务多样化却丝毫没有减弱。上述两个特点，成为世界范围内社会福利体制改革的基本趋势，也是民政工作社会化的实践依据。

社会福利发展趋势对民政工作社会化的推动作用，具体体现在以下几个方面：

第一，社会福利发展趋势推动民政工作理念的转变。随着社会福利制度的不断完善和发展，其覆盖范围逐渐扩大，从传统的特殊群体向更广泛的公众延伸。这种趋势促使民政工作从过去的"救助型"向"普惠型"转变，更加注重公民的基本权益和福利保障。民政工作社会化因此受到推动，更加关注公民的需求和满意度，强调以人民为中心的服务理念。

第二，社会福利发展趋势促进民政工作方式的创新。社会福利发展趋势中的数字化、智能化、个性化等特征，对民政工作方式的创新提出了更高要求。民政工作需要积极引入新技术、新方法，如大数据、云计算、人工智能等，提高服务效率和质量。同时，根据不同群体的需求提供个性化服务，实现更加精准的福利保障。这种创新的工作方式有助于提升民政工作的社会化和专业化水平。

第三，社会福利发展趋势强化民政工作的社会责任和公共价值。社会福利制度的完善和发展，旨在实现社会公平和正义，提高全体公民的生活质量和幸福感。这一目标与民政工作的社会责任和公共价值高度契合。民政工作社会化过程中，需要更加注重公共利益和公共责任，通过提供高质量的公共服务来满足公民的需求和期望。同时，积极回应社会关切和热点问题，推动社会和谐稳定的发展。

第四，社会福利发展趋势促进民政工作与其他社会力量的合作。社会福利发展趋势强调政府、社会、市场等多方力量的共同参与和合作。民政工作社会化过程中，需要积极寻求与其他社会力量的合作与共享，共同提供公共服务、解决社会问题。这种合作模式有助于拓宽民政工作的服务领域和覆盖范围，提高服务的综合性和效果。同时，通过合作与共享，民政工作能够更好地发挥社会力量的作用，推动社会治理的创新和发展。

第五，社会福利发展趋势提升民政工作的透明度和公信力。社会福利制度的完善和发展要求政府提高工作的透明度和公信力。民政工作作为政府公共服务的重要组成部分，同样需要加强信息公开和社会监督。通过提升透明度和公信力，民政工作能够更好地回应公民的关切和质疑，增强公民对政府的信任和支持。同时，也有助于推动民政工作社会化的进程，促进政府与公民之间的良性互动和合作。

四、新公共服务理论的发展

20 世纪 80 年代，随着公共行政的发展与公民权利意识的不断增强，主张将企业家精神引入公共行政的新公共管理理论弊端逐渐显现，强调为民服务、提倡公民参与的新公共服务理论应运而生。与新公共管理理论将公民视为"顾客"的想法不同，新公共服务理论的倡导者登哈特夫妇则指出，公民是在"更广泛社区环境中责任的承担者与权利的享有者"，在治理体系中要将公民置于中心位置，①强调了其服务对象为全体公民。新公共服务理论认为，政府是人民的政府，因而政府在为国家这条船掌舵的时候，必须要听从人民群众的意见，改变"政府独自掌舵"的局面，从而为公民提供高质量、高效率的服务。这为促使社会力量积极参与公共服务，加强政府与社区、公民之间的对话沟通与合作共治，提供了理论支持。

诚然，由于中美两国国情和体制的不同，新公共服务理论在我国政治文化和社会制度背景下不可能完全适用，如新公共服务理论强调政府的作用是"服务，而不是掌舵"，然而政府在民政工作中的主导作用和宏观调控功能还是非常有必要的。但是，新公共服务理论对政府、社区和公民的沟通的重视倡导了多视角看

①　[美]珍妮特·V. 登哈特，罗伯特·B. 登哈特 . 新公共服务：服务而不是掌舵[M]. 方兴，丁煌，译 . 北京：中国人民大学出版社，2010.

问题的思维方式，无疑反映了平等概念和多元主义在公共行政领域的应用。由此，新公共服务理论为民政部门的工作提供了新的模式，政府不再被动地提供服务，公民也不再被动地接受服务，而是致力于形成更加适应社会发展和满足公民需求的运行模式，在公共服务和公共产品的生产和供给方面选择多样化的机制，通过政府与社会的集体努力和互动合作实现双赢。

新公共服务理论的发展对民政工作社会化的推动作用，具体体现在以下几个方面：

第一，新公共服务理论的发展促进民政工作理念的转变。新公共服务理论强调以公民为中心的服务理念，关注公民的需求和利益，这一理念对民政工作社会化产生了深远的影响。民政工作作为政府公共服务的重要组成部分，其目标是满足公民的基本生活需求和促进社会和谐稳定。新公共服务理论促使民政工作从传统的以政府为中心向以公民为中心转变，更加注重公民的需求和满意度，推动民政工作更加贴近民生、服务群众。

第二，新公共服务理论的发展推动民政工作方式的创新。新公共服务理论提倡政府创新与公民参与的重要性，这一原则在民政工作社会化的过程中得到了充分体现。民政工作通过引入新技术、新方法，如数字化、智能化等手段，提高服务效率和质量。同时，鼓励公民参与民政工作的决策、实施和监督过程，增强公民的参与感和满意度。这种创新的工作方式不仅提高了民政工作的效率和效果，也促进了政府与公民之间的良性互动。

第三，新公共服务理论的发展强化民政工作的社会责任和公共价值。新公共服务理论强调公共利益与公共责任的原则，对民政工作社会化提出了更高的要求。民政工作作为政府公共服务的重要领域，承担着保障公民基本生活权益、促进社会和谐稳定的重要职责。新公共服务理论促使民政工作更加注重公共利益和公共价值，通过提供高质量的公共服务来满足公民的需求和期望，同时积极回应社会关切和热点问题，推动社会公平正义的实现。

第四，新公共服务理论的发展促进民政工作与其他社会力量的合作。新公共服务理论倡导政府与其他社会力量的合作与共享，这一理念在民政工作社会化的过程中得到了广泛应用。民政工作通过与社会组织、企业、志愿者等社会力量的合作，共同提供公共服务、解决社会问题。这种合作模式不仅提高了服务的覆盖面和效率，也促进了社会资源的优化配置和共享利用。同时，通过合作与共享，民政工作还能够更好地发挥社会力量的作用，推动社会治理的创新和发展。

第五，新公共服务理论的发展提高民政工作的透明度和公信力。新公共服务理论要求政府提高工作的透明度和公信力，这一原则对民政工作社会化同样具有重要意义。民政工作通过加强信息公开、接受社会监督等方式，提高工作的透明度和公信力。这有助于增强公民对政府的信任和支持，促进政府与公民之间的良性互动和合作。同时，透明度和公信力的提升也有助于民政工作更好地回应社会关切和热点问题，推动社会和谐稳定地发展。

第三章 民政工作社会化的现状、模式与成效

民政工作社会化的起点，对于总结和理解民政工作社会化的现状、模式与成效，具有重要的意义。但是，到底民政工作社会化的起点始于何时，却是一个有争议的问题。张秀兰、徐月宾认为，从 20 世纪 80 年代中期开始，中国政府就已经提出了社会福利社会办的城市社会福利改革思想。① 蒋积伟认为，中华人民共和国的捐助工作经历了三个发展阶段，即初创阶段(1949—1995 年)、经常化与规范化阶段(1995—2000 年)和创新与制度化阶段(2001 年至今)。② 民政工作内容的多元性使得学者从不同的角度都可以给出不同的民政工作起点。因此，民政工作起点争议的出现是合理的，也是客观的。不可否认的是，中华人民共和国的民政工作中，社会捐助是社会力量最早参与的民政工作，但在不同的时期，社会力量参与捐助工作的力度与地位是不同的。2000 年，民政部牵头 11 个部委联合出台的《关于加快实现社会福利社会化意见的通知》的正式颁布，标志着官方主导的民政工作社会化的开始。经过近 20 年的发展，民政工作社会化取得了比较明显的成效。

第一节 民政工作社会化的表现形式

民政工作是一种包含组织领导、资金筹资、内容扩展、服务提供、监督管理等多方面的系统工程。民政工作社会化并不是所有民政工作的社会化，也不是每

---

① 张秀兰，徐月宾. 发展型社会政策及其对我们的启示[C]//第二届社会政策国际论坛论文集. 2006：146-147.

② 蒋积伟. 新中国社会捐助工作的历史考察与反思——以救灾捐赠为例[J]. 科学社会主义，2011(2)：66-69.

一种工作所有内容的社会化，而是民政工作在一些方面的社会化表现得更为明显。综合来看，民政工作社会化的主要方面体现在慈善捐赠、困境儿童救助、养老服务、自然灾害救援与灾后重建等方面，社会力量的参与更好地保障了这些民政业务的开展以及民政公共服务的质量，最大限度地满足了人民群众对民政公共服务的需求。这些方面的民政工作社会化，具体体现在四个方面：其一，民政工作参与主体的社会化；其二，民政事务资金筹集的社会化；其三，民政工作内容的社会化；其四，公共服务提供过程的社会化。

一、民政工作参与主体的社会化

民政工作社会化的本质特征是社会力量的广泛参与。而社会力量如社会组织等的发展情况，则是民政工作参与主体社会化的重要表现之一。民政工作的社会参与主体，主要体现在各类社会组织培育情况、社会工作者培养情况和志愿者的民政工作参与情况三个方面。

第一，社会组织培育情况。社会组织是一个内涵比较宽泛的概念，有广义和狭义之分。广义的社会组织包括人们从事共同活动的一切组织，如氏族、家庭、秘密团体、政府、军队和学校等，而狭义的社会组织则是指为了特定目的而组合起来的社会群体，如企业、政府、学校、医院、社会团体、基金会等。这里所指的社会组织主要指社会团体、基金会和民办非企业，它们是民政工作社会化参与的重要载体。

在我国，参与民政工作较早的社会力量是社会团体，这一社会组织在1988年时有4446个。此后，随着民政工作社会化的推进，社会团体的数量呈现快速增加的趋势，到2015年，社会团体的数量已经发展到32.9万个。根据中国社会科学院大学与社会科学文献出版社共同发布的《中国社会组织报告(2021)》，截至2020年年底，全国社会团体的总量为37.4万个，年增长率为0.84%。极大地壮大了民政工作的社会力量。

民办非企业是参与民政工作的另一支重要力量，这个社会组织尽管发展较晚，但是发展速度极快。在1999年，我国民办非企业单位只有5901个，而截至2021年我国民办非企业单位的数量，已经发展到52.2万个。[①]

---

① 中华人民共和国民政部.2021年民政事业发展统计公报[EB/OL].(2022-08-26)[2024-08-29].https://www.mca.gov.cn/images3/www2017/file/202208/2021mzsyfztjgb.pdf.

　　各种形式的基金会，为民政工作的顺利开展提供了重要资金来源。在 2003
年我国各类基金会的数量只有 954 个，而到 2015 年，基金会的数量已经增加到
4784 个，尽管增加的幅度没有前两种社会组织的增加幅度大，但为民政工作提
供了重要资金来源。2021 年的统计数据表明，截至 2020 年，我国的社会组织数
量已经超过 88.9 万个，其中，社会团体的数量已经超过 37.3 万个，民办非企业
单位的数量已经超过 50.4 万个，基金会的数量已经超过 8258 个(见图 3-1)。①

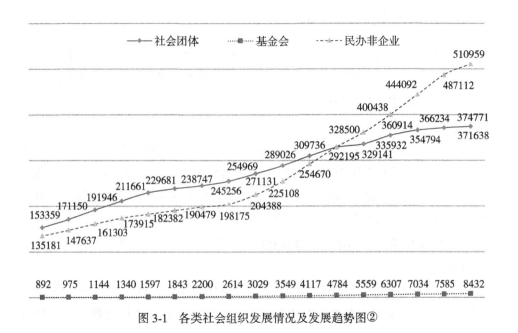

图 3-1　各类社会组织发展情况及发展趋势图②

　　第二，社会工作者培养情况。社会工作者是民政工作与民政对象之间的桥
梁，是各种民政服务的递送者和直接提供者，是民政工作社会化的核心推动力
量。一个国家或地区社会工作者的培养情况，反映了该国或该地区民政工作社会
化的现状和未来潜力。

　　①　王勇. 全国各省社会组织[EB/OL]. (2020-11-10)[2024-08-29]. https：//www. thepaper.
cn/newsDetail_forward_9931131.

　　②　本图数据来自：国家统计局：https：//data. stats. gov. cn/easyquery. htm？ cn = C01&zb =
A0P0E&sj = 2022.

在我国，社会工作者是一种法定的职业，只有拿到社会工作师或助理社会工作师职业资格的社会工作者才可以从事相应的社会工作。统计数据显示，在 2008 年我国持证社会工作师和助理社会工作师分别为 4192 个和 20648 个，而到 2015 年上述两种社会工作师的数量，已经分别发展到 52000 个和 154000 个。而且，在已经获得资格证书的社会工作师中，参与社会服务的人数呈现出明显增加的趋势，在 2008 年有 3144 位社会工作师和 17574 位助理社会工作师参与社会服务，到 2014 年分别有 27257 位社会工作师和 52174 位助理社会工作师参与社会服务。仅仅从持证社会工作者数量看，从 2011 年到 2020 年，我国持证社会工作者数量从 5.4 万人已经快速增长到 66.9 万个，十年时间里持证社会工作者数量增长了 11.4 倍(见图 3-2)①，其中，助理社会工作师 50.7 万人，社会工作师 16.1 万人。

图 3-2　2011—2020 年社会工作者培养动态趋势图

不仅如此，近年来我国报考社会工作者证的人数也呈现出快速增长的趋势（见图 3-3）。统计数据显示，从 2012 年到 2021 年的十年时间里，我国报名参加社会工作者证考试的人数从 13.4 万人快速增长到 82.9 万人，十年时间里，报名人数增长了 5.2 倍。② 这一方面说明，人们对社会工作者认可程度和社会接受程

---

① 中华人民共和国民政部. 2020 年民政事业发展统计公报 [EB/OL]. （2021-09-10）[2024-08-30]. https：//www.mca.gov.cn/images3/www2017/file/202109/1631265147970.pdf.

② 社会工作者考试网. 2021 年社会工作者考试报名人数 82.9 万，创历史新高 [EB/OL]. （2021-11-08）[2024-08-30]. https：//www.exam8.com/zige/gongzuozhe/dongtai/zixun/2021111/4771761.html.

度有所提高；另一方面也说明，随着人口老龄化、高龄化和失能老年人口的增多以及社会治理机制的完善，社会对专业社工人才的需求数量正在快速增加。

　　有分析认为，社会工作者及其考试报名人数的快速增长，是多方面因素共同作用的结果。具体包括以下三个原因：一是政策支持，激发社会工作者人才需求。《国家中长期人才发展规划纲要（2010—2020年）》指出：需要培养造就一支职业化、专业化的社会工作人才队伍。到2015年，社会工作人才总量达到200万人。到2020年，社会工作人才总量达到300万人。① 二是服务范围扩大，行政性强制性规定导致社会工作者人才数量快速增长。例如，《浙江省民政厅关于开展2021年度乡镇（街道）社会工作站建设的通知》指出，乡镇（街道）社会工作站应配备持证社工不少于3人，专职在社会工作站工作。三是社会工作者证书的含金量提高，例如，浙江义乌社会工作者发放一次性补助，最高可领3000元；浙江淳安社会工作者通过考试即可获得奖励1500元到5000元。②

社会工作者报考人数（万）

图3-3　2012—2021年中国社会工作者报考人数变动趋势图

　　① 中华人民共和国教育部. 国家中长期人才发展规划纲要（2010—2020年）［EB/OL］.（2010-06-07）［2024-08-30］. http：//www. moe. gov. cn/jyb _ xwfb/s6052/moe _ 838/201006/t20100607_88754. html.

　　② 社会工作持证人数增至66. 9万人，这背后的原因竟是？［EB/OL］.（2021-10-28）［2024-08-30］. https：//www. 233. com/shgzz/jiqiao/202110/27170815604243. html.

第三，志愿力量发展情况。志愿力量是民政工作社会化的一支重要的公益力量，在民政工作社会化中发挥着日益重要的作用。从志愿力量的结构分布来看，我国志愿力量包括志愿者和志愿团体两大部分。其中，志愿者共分为九大类，包括社区志愿者、青年志愿者、文明志愿者、文化志愿者、医疗志愿者、教育志愿者、助残志愿者、巾帼志愿者和消防志愿者，形成了较完善的志愿服务体系。

从全国范围来看，截至 2021 年 10 月 30 日，全国志愿者总数年增长曲线显示，注册志愿者人数从 2012 年的 292 万增长到 2021 年的 2.17 亿，在 10 年时间里志愿者人数稳定而快速地增长，增加了 74 倍之多，平均每万人中就有 1544 人注册成为志愿者，约占总人口比例的 15.4%；志愿团体 113 万个，志愿项目 621 万个；累计志愿服务时长达 16.14 亿小时，人均志愿服务时长为 7.44 小时。全国人民对志愿服务的知晓程度也达到了比较高的水平，以人们对新时代文明实践站组织的志愿服务活动的知晓程度为例，调查结果表明，了解此项志愿服务内容的被访者比例大都超过了 65%。而"不太了解"的比例不足 15%，了解程度一般的比例约为 20%。①

从志愿者发展的总规模地区差异来看，2024 年的统计数据表明，江苏省是全国志愿者最多的省份，志愿者总量已经达到 2358 万人，其次是山东省，志愿者总量已经达到 1748 万人，排在第三位的是四川省，志愿者人数达 1524 万人。当然，志愿力量的发展也呈现出明显的差异性，在西藏地区志愿者群体仍处于发展的初期阶段，全区只有 14 万位志愿者(见图 3-4)。随着志愿者规模的日益壮大，志愿者正成为民政工作社会化的重要推动力量。从志愿服务的类型看，2024年度在岗西部计划志愿者达 8.3 万人，90% 以上服务岗位覆盖乡镇及以下单位。西部计划自 2003 年实施以来，已累计招募超过 54 万名高校毕业生和在读研究生，到 2000 多个县(市、区、旗)开展志愿服务，为西部地区、民族地区、边疆地区建设发展带去新理念和活力。②

---

① 张翼，田丰. 中国志愿服务发展报告(2021—2022)[M]. 北京：社会科学文献出版社，2022.

② 新华网. 2024 年全国 4.3 万余名新招募西部计划志愿者陆续出征[EB/OL]. (2024-07-02)[2024-09-04]. http://news.china.com.cn/2024-07/24/content_117326795.shtml.

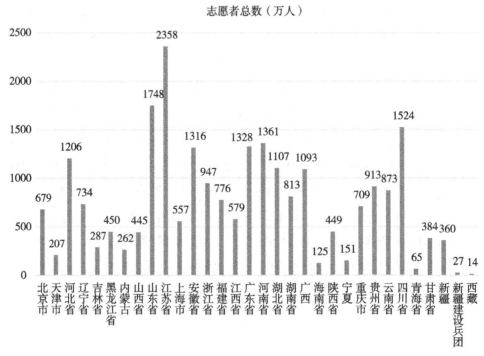

图 3-4　2024 年全国 31 个省、自治区志愿者发展情况图①

　　从中国志愿者的年龄构成看，图 3-5 的统计结果表明，14～18 岁的志愿者占7%，18～28 岁的志愿者占 30%，28～35 岁的志愿者占 12%，三者合计达到 49%。这也就是说，15～22 岁的志愿者，也就是青年志愿者，占据了中国志愿者的绝大部分比例。60 岁以上的老年志愿者占 18%，35～60 岁的中老年志愿者占 30%，另有 3% 的志愿者是儿童。《公益时报》提供的数据显示，到 2025 年，中国实名注册的青年志愿者总数突破 1 亿人。②

　　从中国志愿者的政治面貌构成看（见图 3-6），关于志愿者的政治面貌的数据，本书参考了《中国志愿服务年度纵览（2023）》，调研共收集了来自中国大陆地区 31个省、自治区以及港澳台和海外同胞的志愿者有效问卷 21495 份。通过对志愿者问卷数据进行分析汇总，得出 2023 年度志愿者总体画像。从图 3-6 显示的结果来看，

---

　　①　本图数据来自：中国志愿服务网：http://chinavolunteer. mca. gov. cn/site/home.

　　②　王勇. 2025 年我国实名注册的青年志愿者总数将突破 1 亿人［N］. 公益时报，2018-04-17.

志愿者的政治面貌构成中，群众是志愿者的主要构成部分，所占比例为46%，团员所占比例为41%。截至2023年，全国共有中国共产党党员数量为9918.5万人，占志愿者总量2.37亿的41.85%。2018年，天津市政协委员、社会科学院社会学研究所所长张宝义公开呼吁要让"更多党员干部参与志愿者服务"。①

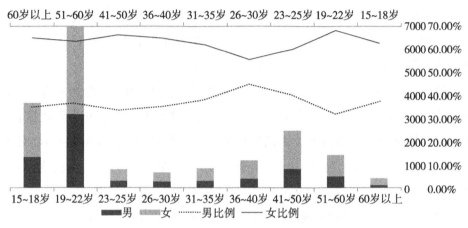

图3-5 中国志愿者的年龄构成分布图②

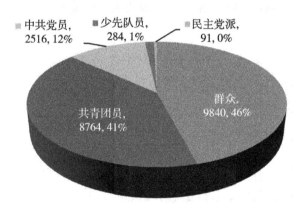

图3-6 中国志愿者的政治面貌构成分布图③

① 吴知音. 政协委员张宝义: 呼吁更多党员干部参与志愿者服务[EB/OL]. (2018-01-27)[2024-09-10]. http://cppcc. china. com. cn/2018-01/27/content_50324619. htm.
② 本图数据来自:《中国志愿服务年度纵览(2023)》。
③ 本图数据来自:《中国志愿服务年度纵览(2023)》。

二、民政事务资金筹集的社会化

民政事务资金是各项民政工作有效开展的物质基础。民政事务资金是指用于民政事务的各类资金，包括各类民政收入、社会捐赠收入、社会福利彩票收入等多个方面，民政事务资金筹集的社会化是指除政府财政拨款以外的收入占民政事务资金总量中的比例逐步增加的过程。这也就是说，如果财政拨款收入占民政事务资金中的比重越大，则说明民政事务资金筹集的社会化效果越差，反之，则说明民政事务资金筹集的社会化效果越好。具体来看：

第一，各类民政收入情况。从图 3-7 可以看出，从 2015 年到 2020 年，各项民政收入中，财政拨款收入始终是民政收入的主要来源。2015 年，财政拨款收入已经增加到 162275.6 万元，占民政收入的比重为 87.4%；事业收入 14881.66 万元，占民政收入的比重为 8.0%；经营性收入为 2799.96 万元，占民政收入的比重为 1.5%；其他收入为 5566.43 万元，占民政收入的比重为 3.0%。到 2022 年，财政拨款收入 73240.42 万元，占民政收入的比重为 64%；事业收入 17157.89，占民政收入的比重为 15%；经营性收入 18708.89 万元，占民政收入的比重为 16%；其他收入 5491.32，占民政收入的比重为 5.0%。

图 3-7　2015—2020 年各项民政收入变动趋势图①

————————

① 本图数据来自：中华人民共和国民政部，https://xxgk.mca.gov.cn:8445/gdnps/pc/content.jsp? id＝1662004999979997335&mtype＝5.

第二，福利彩票公益金情况。福利彩票公益金是以"扶老、助残、救孤、济贫"为募集宗旨，专项用于社会福利、体育等社会公益事业的资金。近年来，我国福利彩票事业呈现出快速健康发展态势，如图3-8所示。从2013年到2022年，我国福利彩票公益金的筹资规模呈不断上升趋势。2015年年底，全年筹集福利彩票公益金563.8亿元，民政系统支出彩票公益金288.9亿元，其中用于抚恤6.9亿元，退役安置0.2亿元，社会福利182.1亿元，社会救助30.0亿元，自然灾害救助1.9亿元，其他43.6亿元。福利彩票公益金筹集规模的不断扩大，为民政公益金支持社会救助、优抚安置以及灾害救助提供了坚实的物质基础。但是，近年来福利彩票公益金的筹集规模呈现出一定的下降趋势，《2021年全国民政事业发展统计公报》公布的数据显示，2021年全年筹集福利彩票公益金为443.6亿元，比2015年减少了120.2亿元，降幅达到了21.3%。①

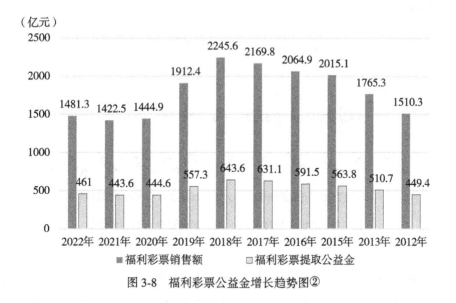

图3-8　福利彩票公益金增长趋势图②

第三，社会捐助资金。民政工作的核心任务是组织群众、发动群众。社会捐

①　中华人民共和国民政部. 2021年民政事业发展统计公报［EB/OL］.（2022-08-26）［2024-08-29］. https://www.mca.gov.cn/images3/www2017/file/202208/2021mzsyfztjgb.pdf.

②　本图数据来自：国家统计局，https://data.stats.gov.cn/easyquery.htm? cn=C01&zb=A0P09&sj=2022.

助资金是民政事务资金的重要组成部分，在民政事务资金中占据绝大多数。社会捐助资金的增长趋势，是民政工作社会化的重要表现。20 世纪 90 年代中期以前，中国政府对社会捐助事务，始终持有模棱两可的态度。进入 21 世纪以后，中国的社会捐助工作才逐步走向正常化发展轨道。从图 3-9 的统计结果来看，进入 2000 年以后，中国社会捐助资金总额呈现出逐年上升趋势，但是，到 2010 年民政部门接受社会捐款的总额也只有 417 亿元，即便是到 2021 年接受社会捐款总额也只有 1192.5 亿元，虽然增长了近 2 倍，但是，相对于其他领域的发展速度看，这样的增长的幅度并不算大。①

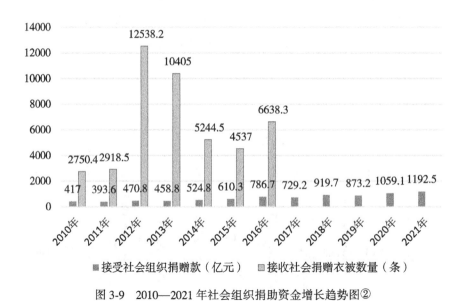

图 3-9　2010—2021 年社会组织捐助资金增长趋势图②

截至 2021 年，全国共接收社会组织捐赠款 1192.5 亿元，比上年增长 12.6%。其中，民政部门直接接收社会各界捐款 44.2 亿元，各类社会组织接收捐款 610.3 亿元。全年各地民政部门接收捐赠衣被 4537 万件，捐赠物资价值折

---

① 自 2017 年起，民政部的民政事业发展统计公报不再提及捐赠衣被数量，且捐赠金额也只提及社会组织捐赠。

② 本图数据来自：中华人民共和国民政部，各年度民政事业发展统计公报，https：//www.mca.gov.cn/n156/n189/。

合人民币 5.2 亿元。间接接收其他部门转入的社会捐款 4.3 亿元，衣被 172.5 万件，捐赠物资折款 6164.4 万元。全年有 1838.4 万人次困难群众因此受益。社会捐助资金已经成为中国灾害救助中的决定性力量。

三、民政工作主要内容的社会化

民政工作的主要内容是一个有争议的概念，而且随着国家经济发展和社会环境的变化，民政工作的内容也不断地调整，民政工作的内容总体上呈现出多元化、丰富化、精细化发展趋势。从已有的关于民政工作的概念界定来看，民政工作是基层政权建设的一部分、社会保障的一部分和行政管理的一部分，即"三个一部分"的界定是较为有代表性的观点。按现行民政业务分类，民政工作内容大致可以分为社会组织管理、优抚安置、防灾减灾、社会救助、地名规划与地界勘察、基层群众自治建设、社会福利事业、婚姻管理、殡葬管理、儿童福利和收养登记、社会工作专业人才建设、国际交流与合作等十二大类（见图 3-10）。

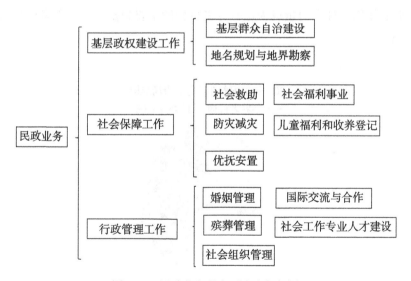

图 3-10　民政业务的主要内容框架图

总体来看，基层政权建设工作、社会保障工作、行政管理工作三个部分都有不同程度的社会参与，如基层政权建设中的群众自治组织建设，行政管理工作中的社会工作专业人才建设等。群众自治组织本身就是一种基层政权建设的社会力量，本身的存在就代表着一种社会化，基层自治组织的发展水平，反映了基层政权建设的社会化程度和效果。社会工作人才建设的社会参与，主要体现在以下两个方面：一方面是社会工作专业人才的培养，目前，全国已经有南开大学、华中科技大学、中南财经政法大学、郑州大学等200多所高校开设了社会工作专业，每年为国家培养1万余名社会工作专业人才；另一方面民政部从2006年开始，正式把社会工作师和助理社会工作师考试纳入职业考试系列。

各项社会保障业务的社会化是民政工作社会化的重点领域，其主要方面是减灾防灾。社会救助业务的社会化，主要体现在救助对象的认定、救助效果的评估等方面，如合肥市在对"低保"家庭收入、家庭财产等信息的核查中引入"第三方"社会力量，增加社会透明度；重庆市在精准扶贫质量评价中，引入第三方评价调查和贫困户满意度调查。社会福利事业的社会化，主要体现在养老机构的民营化趋势。北师大中国公益研究院数据显示，截至2020年，我国养老机构服务市场多元化发展格局已逐步成形。公办养老机构（社会福利院和敬老院）起社会保障的兜底作用，社会力量成为运营养老机构的主要力量，民办养老机构占57%（见图3-11）。

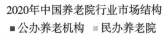

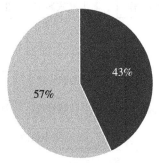

图3-11　2020年中国养老机构的结构分布图①

———————————

① 本图数据来自：https：//www.sohu.com/a/726917817_121124367.

　　儿童收养的社会化，主要体现在家庭收养和机构收养两个方面。图 3-12 的统计结果显示，2014 年至 2020 年，全国每年办理的儿童家庭收养登记数量均超过 1 万件，这是儿童收养工作社会化的重要表现之一。但是从儿童收养登记数量变动趋势上看，中国儿童收养登记数量无论是家庭收养登记数量，还是公民收养登记数量，甚至包括国外公民收养登记数量，都呈现出明显的下降趋势。这一方面是因为中国人口出生率呈现出快速下降趋势，另一方面，需要收养的儿童数量也呈现快速减少趋势，两个方面因素的共同作用最终导致中国不同类型儿童收养登记数量的快速减少。在儿童福利方面，如邓飞发起的"微博打拐""免费午餐"活动，第九届"中华慈善奖最具爱心慈善楷模"罗宾·西尔夫妇发起的救助孤残儿童的重症监护中心，这些也是儿童福利工作社会化的重要体现。

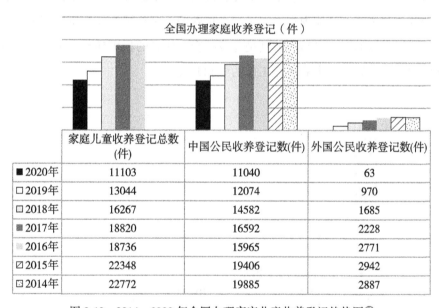

	家庭儿童收养登记总数(件)	中国公民收养登记数(件)	外国公民收养登记数(件)
■ 2020年	11103	11040	63
□ 2019年	13044	12074	970
□ 2018年	16267	14582	1685
▨ 2017年	18820	16592	2228
▦ 2016年	18736	15965	2771
▨ 2015年	22348	19406	2942
▨ 2014年	22772	19885	2887

图 3-12　2014—2020 年全国办理家庭儿童收养登记趋势图[①]

　　优抚安置工作的社会化程度较低，但是，随着优抚安置工作的不断创新，政府也正在逐渐引入社会力量参与优抚安置工作。如上海市引入社会力量实施"关

---

　　① 本图数据来自：国家统计局，https：//data. stats. gov. cn/easyquery. htm? cn＝C01&zb＝A0P05&sj＝2020.

爱功臣活动"，为优抚安置对象提供专业化、个性化、精细化服务。湖北省103个县(市、区)成立"优抚对象服务中心"，设立"优抚对象服务点"，聘请优抚对象联络员。贵州省出台了做好复员退伍军人困难帮扶工作的政策，整合部门资源，重点解决复员退伍军人住房、生活、医疗、就业等反映强烈的实际困难。

　　灾害救助方面的社会化是民政工作社会化最为明显的领域。中国是一个自然灾害频发的国家，当自然灾害发生时，仅仅依靠政府的救助力量是很难实现灾害救助的。灾民的自救以及社会力量甚至国际救援力量的参与式灾害救助，都是中国灾害救助的重要方面，也是中国民政工作社会化的重要体现。以2008年汶川地震为例(见图3-13)，汶川地震的直接经济损失1600亿元，其中，民政部门的投入只有102亿元。而社会捐助资金和社会捐助物质合计达到了381.9亿元，是民政部门投入资金的近4倍。不仅如此，汶川地震中的社会参与不仅仅体现在社会捐助资金和物资，还体现在对灾民的心理救助、医疗援助以及康复服务等诸多方面。社会力量的广泛参与，尤其是专业社会工作者的积极参与，不仅有效促进了灾后救援，也促进了灾后重建工作的顺利开展。

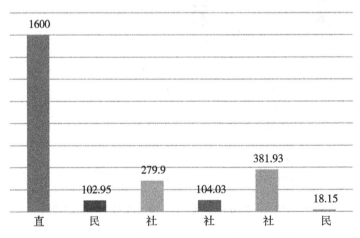

图3-13　2008年汶川地震中社会力量的参与情况图

四、民政服务提供过程的社会化

民政服务提供过程是指民政服务由"服务生产"传递到民政服务对象并被民

政服务对象"消费"或"使用"的整个环节。在这个环节中，不仅包括了民政服务的递送过程，还包括了民政服务质量的评价、民政服务递送过程的监督管理等。民政服务提供过程的社会化，反映的是民政服务提供整个环节中的社会力量参与问题。民政服务提供过程的社会化，包括民政服务过程是否社会化，以及民政服务提供过程社会化的效果。民政服务提供过程的社会化的效果将在后文进行介绍。在这里，民政服务提供过程的社会化，也就是说只要有社会力量参与了民政服务的提供过程，就可以说民政服务提供过程已经社会化了。

民政服务提供过程的社会化，包含三个过程：一是民政服务从政府"大包大揽"向社会力量广泛参与转变；二是民政服务由"企业办社会"向社会力量广泛参与转变；三是民政服务的个人化或家庭化向社会力量广泛参与转变。理解民政服务提供过程社会化的关键在于界定民政服务的内涵。民政服务不同于民政工作本身，但是又和民政工作的内涵密切相关。民政工作本身的范围在一定程度上决定了民政服务范围的大小和种类。具体而言，民政服务包括了民政资金的发放，如低保资金和五保资金的发放等，民政服务质量的评价，如社会福利政策的合理性评估、精准扶贫实施效果的评价、低保对象确定合理性的评价等，以及民政服务提供过程的监督管理，如对精准扶贫资金使用过程的监管问题。

从图 3-14 可以看出，在计划经济时期，传统民政工作的服务流程是单向度的，绝大部分民政服务的提供是由"民政部门"直接递送到"民政服务对象"。在"文化大革命"期间，民政服务又一度通过"企业办社会"的方式来实现，也即民政服务由"企业"直接递送到"企业内的民政服务对象"，导致企业负担畸轻畸重，为企业公平参与市场竞争带来了很大障碍。随着经济体制改革和社会体制转型速度的加快，"企业办社会"和政府"大包大揽"式的民政服务提供方式已经难以适应民政业务逐渐扩展、民政服务内容日益多元化和个性化发展的需要，社会力量参与民政服务提供也就成为一种历史的必然趋势。

民政服务提供过程的社会化，表现在诸多方面。例如，在"低保"资金的发放方面，全国绝大多数省份已经基本实现了"低保"资金由过去的民政部门的财务部门直接发放，向民政部门委托当地银行定期发放转变。再如，在优抚安置方面，浙江省率先出台了《浙江省民政厅关于引导社会力量参与优抚服务，促进优抚工作体制创新的意见》，引导社会力量参与优抚安置工作。主要服务内容包括：

宣传、解释优抚政策，收集、整理优抚对象的意见建议并及时向有关部门反映和反馈，为在生产、生活、学习中有实际困难的优抚对象提供力所能及的服务，为有需要的退役军人提供就业创业信息，为优抚对象提供精神抚慰和社工专业指导，为优抚对象提供法律维权服务，开展有益于国防教育和拥军的活动，其他与拥军优抚安置工作有关的公益资助项目。

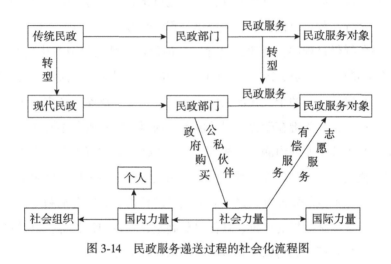

图 3-14　民政服务递送过程的社会化流程图

第二节　民政工作社会化的主要模式

社会力量参与民政工作，主要有三种模式：一是政府购买模式；二是公私合作模式；三是志愿服务模式。不同模式，并没有绝对的好坏之分，有各自的优点和缺陷，并应用于不同的民政工作领域。

一、政府购买服务模式

20 世纪 70 年代，随着西方新公共管理运动的兴起，政府购买公共服务成为西方国家政府进行行政管理的重要手段。20 世纪 90 年代早期，政府购买服务被引入中国，并最早应用于 1994 年深圳罗湖区的公共卫生服务。2003 年，《政府采购法》颁布实施以来，政府购买公共服务在全国主要城市迅速开展试点工作。

上海、北京、广东、浙江、江苏等地政府不断探索，购买公共服务事务范围不断扩大。2013 年 9 月，《关于政府向社会力量购买服务的指导意见》的出台，成为中国全面推行政府购买服务的标志。2014 年 12 月，《政府购买服务管理办法(暂行)》出台，标志着中国政府购买公共服务步入法治轨道。

政府购买公共服务是指将原来由政府直接提供的社会公共服务事务交给有资质的社会组织或市场机构来完成，并根据社会组织或市场机构提供服务的数量和质量，按照一定的标准进行评估后支付服务费用，即"政府承担、定向委托、合同管理、评估兑现"。《政府购买服务管理办法(暂行)》规定，政府购买公共服务主要涉及下列五大公共领域，民政服务被分散到这五大公共领域之中，并主要集中在基本公共服务领域(见图 3-15)。

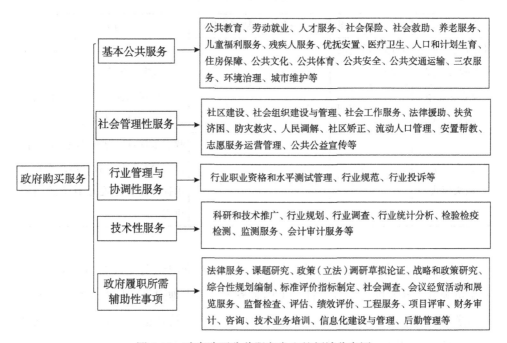

图 3-15 政府购买公共服务发生的领域分布图

根据政府购买服务中的竞争程度和购买主体间的关系，本书将政府购买服务分为三种模式：形式性购买模式、竞争性购买模式和非竞争性购买模式。其中，形式性购买模式是指承接服务的社会组织与购买者，即政府部门之间形式上的买卖，整个购买过程具有定向性、非竞争性的特点；非竞争性购买是指参与购买公共服务的政府部门与提供公共服务的社会组织之间保持各自独立的状态。1996 年上海市浦东新区社会发展局向民办非企业单位"罗山会馆"购买服务；2006 年长沙市政府指定专业医疗机构，定期为社会精神病人进行免费诊断；2017 年武汉市洪山区政府购买4 家社工机构提供的社工服务以及"1+5"项目合同等都属于此类模式。竞争性购买是指参与购买公共服务的社会组织与政府部门之间是彼此独立的关系，政府部门对于参与的社会组织的选择采用公开竞争的方式，彼此之间没有任何联系和依赖关系。2010 年北京东城区通过信息发布会公开招标涉及养老、就业培训等项目属于此类模式。政府购买不同模式的主要特点如表 3-1 所示。

表 3-1　　　　　　　　　　　三种政府购买模式的比较

购买模式	主体间的关系	竞争程度	制度化程度	购买过程
依附关系非竞争购买模式	依附于政府的社会组织	不存在竞争	低	政府通过非竞争定向选择某组织，与其签署合同
独立非竞争购买模式	独立社会组织	不存在竞争	低	政府通过对组织和机构的测评，选择一些组织进行委托性购买
独立竞争购买模式	独立社会组织	竞争性强	高	政府根据目标设立专项目，向社会公开招标，社会组织根据要求提出申请，通过竞争选出提供者

各级民政部门通过政府购买服务的方式，向社会组织购买扶老助老服务、关爱儿童服务、扶残助残服务、社会工作服务等，极大地提升了民政部门公共服务的递送效率。以中央本级为例，为加强对中央财政支持社会组织参与社会服务项目，2012 年至 2017 年中央本级共安排约 12 亿元（每年约 2 亿元）资金用于向社会组织购买服务，每年所支持的项目稳定在 450 项以上，单个项目的支持强度平均达到 45 万元。并且，通过实施对社会组织"能力建设和人员培训"项目，提升社会组织的专业化水平和公共服务供给能力。

政府购买服务模式作为一种创新的公共服务提供方式，具有其独特的优缺点。

政府购买服务模式的优点包括以下几个方面：一是可以提高服务效率和质量。政府购买服务能够将部分公共服务事项交给具备条件的社会力量承担，利用市场机制的作用，提高服务供给的效率和质量。社会力量通常具有更灵活、更专业的服务提供能力，能够更好地满足公众需求。

二是可以降低行政成本。通过购买服务，政府可以减少直接提供服务的机构和人员，从而降低行政成本。政府可以更加专注于政策制定和监管等核心职能，提高整体行政效率。

三是可以促进市场竞争。政府购买服务往往采用公开招标等方式确定承接主体，这有助于引入市场竞争机制，促进服务提供者的优胜劣汰。市场竞争可以推动服务提供者不断提升服务质量，降低服务价格，从而增加公众福利。

四是可以提高社会参与度。政府购买服务为社会力量参与公共服务提供了机会和平台，有助于增强社会参与度和多元共治水平。社会力量在提供公共服务的过程中，可以更好地了解公众需求，反馈公众意见，促进政府与社会的良性互动。

五是可以增强民政工作的灵活性和创新性。政府购买服务可以根据实际需求灵活调整服务内容和规模，满足多样化的公共服务需求。同时，社会力量在提供服务的过程中，可以引入新的理念和技术，推动公共服务的创新和发展。

政府购买服务模式的缺点也包括以下五个方面：一是对供应商的选择和管理难度大。在政府购买服务过程中，选择合适的供应商是一个重要而复杂的任务。需要综合考虑供应商的资质、能力、信誉等因素，这需要投入大量的时间和资源。同时，对供应商的管理也是一个挑战，需要确保供应商按照合同约定提供高质量的服务。

二是存在廉政风险。政府购买服务过程中存在寻租等廉政风险。一些不法供应商可能通过不正当手段获取承接资格，从而损害公共利益和政府形象。因此，需要建立健全监督机制和惩罚措施，确保政府购买服务的公平、公正和透明。

三是服务质量难以保证。尽管政府购买服务可以引入市场竞争机制，但服务质量仍然难以完全保证。由于服务成果往往难以量化评估，且服务过程中存在诸多不确定因素，因此需要对服务质量进行持续监测和评估，以确保服务目标的实现。

四是资金管理和使用问题突出。政府购买服务涉及大量资金的使用和管理，如果缺乏有效的监管措施，可能会出现资金挪用、浪费等问题。因此，需要建立健全的资金管理制度和审计监督机制，确保资金的安全和有效使用。

五是公众认知度较低。尽管政府购买服务在提高服务效率和质量方面具有显著优势，但公众对其认知度仍然较低。一些公众可能不了解政府购买服务的具体内容和方式，从而对其产生误解或疑虑。因此，需要加强宣传和引导工作，提高公众对政府购买服务的认知度和支持度。

二、社会资本参与模式

社会资本的概念最初是由经济学的"资本"演化而来的。在古典经济学中，资本被理解为能够带来收入或利润的资财。然而，随着经济学理论的发展，资本的概念逐渐扩展到非物质性资源，如人力资本、政治资本、文化资本等。社会资本作为这些非物质性资本的一种，强调通过社会关系网络获取的实际或潜在的资源。随着社会资本概念的广泛运用，社会资本理论应运而生。社会资本理论是20世纪70年代以来从新经济社会学中演化出来的最有影响力和最具潜质的理论概念之一。它将制度因素、价值判断和文化影响纳入了经济社会学的分析框架之中，专门研究社会资本与其经济、政治、社会文化等各方面关系。最早使用"社会资本"这个概念的是经济学家洛瑞，而法国学者布尔迪厄则对其进行了相对系统的现代性分析，并提出了社会资本的定义。

长久以来，根深蒂固的"公私分野"观念基本上将社会资本排斥在公共产品和服务提供的门槛之外，这一现象深刻地折射出了国家干预与市场机制分道扬镳的态势，以及两者在各自领域内所固有的劣势。随着社会问题的日趋复杂和民众公共服务需求的日渐多样化，社会问题层出不穷，这无疑凸显了政府在应对能力和机制准备上的不足，从而导致了所谓的"政府失灵"。面对这一困境，为了有效避免"政府失灵"并提高公共服务的效率，一些新的公共管理理论逐渐兴起，如投资型政府等。这些理论的核心目的在于，政府需要积极利用私人部门的优势，探索新的制度供给模式，这些模式能够自觉地改进效率，以适应社会发展的需要。在这一背景下，政府向市场、社会组织购买公共服务被视为一种创新的手段，它不仅有助于转变政府职能，实现政府角色的重新定位，还能够有效缓解财政压力，提高公共服务的供给效率和质量。通过引入市场竞争机制和社会力量，政府可以更加灵活地应对社会变化，满足民众多样化的公共服务需求。同时，这也能够促进公私部门之间的合作与互补，共同推动公共服务的创新与发展。因此，政府向市场、社会组织购买公共服务不仅是对传统公共管理模式的一种突破，更是未来公共管理发展的重要趋势。《国务院关于创新重点领域投融资机制鼓励社会投资的指导意见》规定，在我国社会资本参与公共服务的领域主要包括7大领域23个大项的服务(见图3-16)。

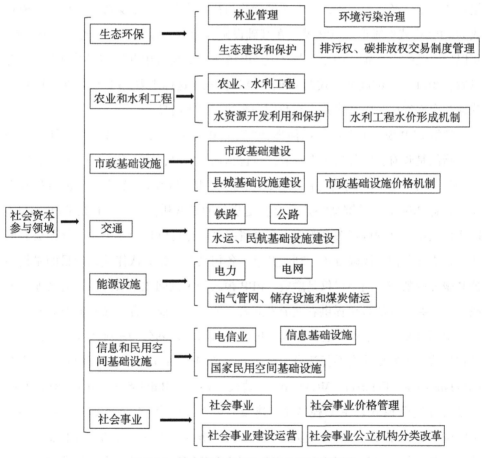

图 3-16　社会资本参与公共服务领域分布图

概括而言，社会资本参与公共服务提供，主要有两种模式：

其一，公私合伙伴关系模式(Public-Private Partnership，PPP)。PPP 模式起

源于西方，最早可以追溯到 18 世纪欧洲的收费公路计划。20 世纪 70 年代以后，随着新公共管理运动的开展，PPP 模式逐步得到广泛应用，2008 年金融危机的全球蔓延，更是为 PPP 模式迎来快速发展的高峰。PPP 模式在中国的应用，最早可以追溯到 1906 年开工兴建的新宁铁路，但我国 PPP 模式的最早实践是 1985 年的深圳沙角 B 电厂项目，这是第一个以 BOT（Build-Operate-Transfer）模式兴建的 PPP 模式。改革开放初期，我国开始引入市场经济元素，政府开始探索公私合作模式，以适应更快的经济建设，提供更好的公共服务。1984 年，当时的乡镇企业以集体经济为主体，政府通过贷款和补贴等方式给予支持，这种合作模式成为 PPP 模式的雏形。PPP 模式在基础设施和市政领域的大规模推广是在 2002 年以后。党的十八届三中全会提出让"市场在资源配置中起决定性作用"的理念以后，2014 年，财政部正式发文推广 PPP 模式，这标志着 PPP 模式在我国正式落地和全面推广，PPP 模式也在我国迎来快速发展时期。

理解 PPP 模式的关键是如何理解"三个 P"。第一个 P 是 Public，即公共部门，指的是政府，既包括中央政府，也包括地方政府；第二个 P 是 Private，即私营部门，指的是企业或其他社会组织和个人，既包括国有企业，也包括私有企业，理解 Private 的关键是"营"，"营"这里指的是营利；第三个 P 是 Partnership，即伙伴关系，这种伙伴关系既可以是合资关系，也可以是合作关系，伙伴关系的实质是责任分担、风险分担、利益共享、各司其职，建立伙伴关系的目的是提高公共服务的效率，而不仅仅是融资。PPP 模式的关键问题是政府角色的转变，即政府从公共服务的直接提供者变成发起者、购买者、监管者，最后成为保证人。

根据公私部门承担角色的不同，PPP 模式可以被划分为三种类型。一是服务外包模式。主要模式有委托运营（Operations & Maintenance，O&M）模式、管理合同（Management Contract，MC）模式、"建设—移交"（Build & Transfer，BT）模式。二是特许经营模式。主要模式有"建设—运营—移交"（Build-Operate-Transfer，BOT）模式、"转让—运营—移交"（Transfer-Operate-Transfer，TOT）模式、"改建—运营—移交"（Retrofit-Operate-Transfer，ROT）模式。三是私有化模式。主要模式有"建设—拥有—运营"（Build-Own-Operate，BOO）模式等。

其二，社会资本以其专业性来独自承担本该由政府提供的公共服务。该种情况主要包含国际组织和民间自发组织等，以公益为目的向特殊群体提供"政府缺位"的公共服务，以及以营利为目的的社会组织所提供的并不具备完全公共物品性质的公共服务或者产品，而后者目前在国内并不常见。

表 3-2　　　　　　2014 年财政部披露 30 个 PPP 首批示范项目清单①

序号	项　　　目	省份	类型	行业领域
1	新能源汽车公共充电设施网络项目	天津	新建	新能源汽车
2	张家口市桥西区期货总供热项目	河北	存量	供暖
3	石家庄正定新区综合管廊项目		存量	地下综合管廊
4	抚顺三宝屯污水处理厂项目	辽宁	存量	污水处理
5	吉林市第六供水厂建设工程(一期)	吉林	存量	供水
6	国电吉林热电厂热源改造工程		存量	供暖
7	嘉定南翔污水处理厂一期工程	上海	新建	污水处理
8	昆山市现代有轨电车项目		新建	轨道交通
9	徐州市骆马湖水地及原水管线项目		存量	供水
10	南京市城东污水处理长和仙林污水处理厂项目		存量	污水处理
11	宿迁生态化工科技产业园污水处理项目		存量	污水处理
12	如皋市城市污水处理一、二期提标改造和三期扩建工程	江苏	存量	污水处理
13	南京市垃圾处理设施项目		存量	垃圾处理
14	徐州市城市轨道交通 1 号线一期工程项目		存量	轨道交通
15	苏州市轨道交通 1 号线工程项目		存量	轨道交通
16	如东县中医院整体迁建项目		存量	医疗
17	杭州市地铁 5 号线一期工程、6 号线一期工程项目	浙江	存量	轨道交通
18	杭州—海宁城市轻轨工程项目		存量	轨道交通
19	池州市污水处理及市政排水设施购买服务		新建	污水处理
20	马鞍山市东部污水处理厂	安徽	存量	污水处理
21	安庆市城市污水处理项目		存量	污水处理
22	合肥市轨道交通 2 号线		存量	轨道交通

①　本表资料来自：http://finance.people.com.cn/n/2014/1205/c1004-26153006.html.

续表

序号	项　　目	省份	类型	行业领域
23	东山海岛县引水工程（第二水源）	福建	存量	供水
24	九江市柘林湖湖泊生态环境保护项目	江西	新建	环境综合治理
25	胶州湾海底隧道一期项目	青岛	存量	交通
26	青岛体育中心项目		存量	体育
27	湘潭经济技术开发区污水处理一期工程	湖南	新建	污水处理
28	重庆市轨道交通 3 号线（含一期工程、二期工程、南延伸段工程）	重庆	存量	轨道交通
29	南明河水环境综合整治二期项目	贵州	新建	环境综合治理
30	渭南市主城区城市集中供热项目	陕西	新建	供暖

随着国家法律法规以及政策体系的逐步完善，社会资本参与公共服务的范围逐步扩展，社会资本也逐渐参与民政服务的提供之中，社会资本的参与模式和内容在不断创新。从早期的儿童福利保障、自然灾害救助与灾后援建，到今天的养老服务提供、精准扶贫参与，社会资本正在以更加积极的姿态和质优高效的服务供给参与公共服务提供之中。社会资本参与公共服务的优点是，政府采取竞争性方式择优选择具有投资、运营管理能力的社会资本，双方按照平等协商原则订立合同，明确责权利关系，由社会资本提供公共服务，政府依据公共服务绩效评价结果向社会资本支付相应对价，保证社会资本获得合理收益。政府和社会资本合作模式有利于充分发挥市场机制作用，提升公共服务的供给质量和效率，实现公共利益最大化。

社会资本参与模式，特别是在政府与社会资本合作（PPP）的框架下，具有其独特的优点与缺点。具体表现如下：

首先，社会资本参与模式的优点包括以下几个方面：一是可以增加资金来源。社会资本参与公共基础设施和服务的建设，能够显著增加资金来源，缓解政府财政压力。这对于需要大量资金投入的大型项目尤为重要，有助于加快项目建设进度。二是实现风险共担。在 PPP 模式下，政府与社会资本共同分担项目风险，降低了单一主体承担全部风险的压力。这种风险共担机制有助于吸引更多社会资本参与，提高项目的可行性和成功率。三是可以提高工作效率和质量。社会资本通常具有更丰富的管理经验和更先进的技术水平，其参与能够提升公共服务项目的建设和运营效率。同时，社会资本为了获得长期回报，往往更加注重项目质量和服务水平。四是能够促进政府职能转变。社会资本的参与促使政府从传统的"建设者"角色向"监管者"和"服务者"角色转变，有助于提升政府的服务水平和治理能力。五是能够激发市场活力。PPP 模式为社会资本提供了参与公共领域的机会，激发了市场活力和竞争动力，促进了公共服务的创新和发展。

其次，社会资本参与模式的缺点，包括以下几个方面：一是法律法规不完善。目前，我国 PPP 模式的运作缺乏国家法律法规层面的全面支持，实际操作中常面临法律适用不明确的问题。这增加了项目的法律风险和不确定性。二是融资难度和风险较大。尽管 PPP 模式能够吸引社会资本参与，但融资过程仍面临一定难度。特别是对于中小民营社会资本而言，其融资需求难以得到充分满足。此外，PPP 项目的不确定性较大，增加了融资风险。三是行政监管面临较大挑战。社会资本的参与要求政府加强监管力度，确保项目按照既定目标和要求实施。然而，监管过程中可能存在信息不对称、监管能力不足等问题，增加了监管难度和挑战。四是利益分配和冲突问题。PPP 项目中涉及多方利益主体，包括政府、社会资本、公众等。在利益分配过程中可能存在冲突和矛盾，需要建立合理的利益分配机制和风险分担机制来平衡各方利益。五是存在较大的长期运营风险。公共基础设施和服务的长期运营需要稳定的资金支持和有效的管理机制。然而，在实际操作中可能存在资金不足、管理不善等问题，导致项目运营效果不佳甚至失败。

三、志愿服务参与模式

志愿服务模式是广大人民群众参与民政工作的一种重要方式，也是民政工作社会化模式中发展较早、运行较为完备的一种工作模式。这种模式运行的前提是广大群众助人为乐的奉献精神。志愿服务是一种舶来品，西方不同国家志愿服务发展的历史起点并不完全相同。在英国，志愿服务模式起源于志愿医疗服务模式，而志愿医疗服务的发展，最早可以追溯到中世纪，18 世纪以后志愿医疗服务逐步得到发展，但在 1948 年之前，志愿医院成为救济穷人的慈善场所。在美国，志愿服务的发展起源于 17 世纪初期的殖民地时期，18 世纪末期到 20 世纪初期，是美国个人主义志愿服务发展时期；"一战"之后到 20 世纪中叶，是美国政府主导的志愿服务时期；1966 年《志愿服务美国法》的颁布，标志着美国志愿服务进入法治化和规范化发展阶段。

在中国，青年志愿者行动起源于 20 世纪 60 年代开始的"学雷锋"活动。1993年 12 月，在总结各地所开展的学雷锋、献爱心活动的基础上，共青团十三届二中全会决定实施"中国青年志愿者行动"，至此"青年志愿者"这个响亮的名字应运而生，并且作为共青团中央实施跨世纪青年文明工程的一项重要内容。为了便于青年志愿者有序开展志愿服务，1994 年 12 月中国成立了中国青年志愿者协会，1995 年社区志愿者服务站开始建设，2000 年共青团中央决定把每年的 3 月 5 日确定为"中国青年志愿者服务日"，2001 年志愿者注册制度正式实施，中国志愿者群体进入规范化发展阶段。

时至今日，中国志愿服务已经形成了涵盖社区志愿者、青年志者、文化志愿者、医疗志愿者、教育志愿者、助残志愿者、巾帼志愿者、消防志愿者和文明志愿者等 9 大领域数百项志愿服务的系统性志愿服务体系(见图 3-17)。

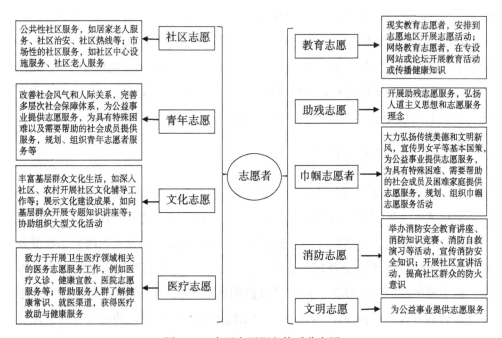

图 3-17　中国志愿服务体系分布图

志愿服务模式作为一种积极的社会参与形式，具有多方面的优点和一定的缺点。具体如下：

首先，志愿服务模式的优点，包括以下几个方面：一是服务的自愿性与无偿性。志愿服务是自愿参加的，没有任何强制性，这体现了参与者的主动性和社会责任感。同时，志愿服务者不向社会索取任何报酬，他们的行为是出于对社会的热爱和责任感，这种无偿性使得志愿服务更加纯粹和具有感染力。二是服务的多样性与广泛性。志愿服务涉及的范围广泛，可以涵盖社会各个领域，包括环境保护、教育、医疗、灾害救援等。这种多样性满足了不同社会群体的需求，促进了社会各层面的交流和合作。三是服务的互惠性与可持续性。志愿服务不仅可以帮助社会解决问题，同时也能帮助志愿者提升自我价值和社交能力。此外，志愿服务需要长期坚持，不是一时的行为，有利于推动社会和谐发展。四是促进社会凝聚力和发展。志愿服务通过促进社会各层面的交流和合作，增强了社会凝聚力，推动了社会整体的发展。同时，志愿服务活动也是弘扬社会主义核心价值观、传播正能量的重要途径。五是提升志愿者幸福感。参与志愿服务能够提升志愿者的社会认同感、服务能力和社交能力，进而对社会信任产生积极的影响。同时，帮助弱势群体、奉献社会能够使志愿者体会到自身的价值，获得自信和心理上的满足感，从而提升幸福感。六是推动志愿服务项目化运作。通过志愿服务项目化运作，可以完善志愿服务组织机制建设，推动志愿服务常态化、规范化发展。同时，推进志愿服务品牌项目建设，打造志愿服务名片，有助于吸引更多志愿者和资源参与志愿服务活动。

其次，志愿服务的缺点，包括以下几个方面：一是常常面临经费支持不足的问题。志愿服务活动需要一定的经费支持，包括场地、保险、午餐费、交通费等开支。然而，目前志愿服务活动的经费来源基本靠捐助、会费、其他组织援助等，经费保障不足导致志愿服务活动难以实现高质量、经常化开展。二是常常面临专业化程度有待提高的问题。志愿服务涉及多个领域，需要具备一定的专业知识和技能。然而，目前许多志愿服务组织的专业化程度不高，志愿者缺乏必要的专业培训和指导，难以有效解决复杂的社会问题。三是常常面临志愿者流失较大的问题。志愿服务活动的自愿性和无偿性，以及缺乏足够的经费支持和专业培训等原因，导致志愿者流失较多。这在一定程度上影响了志愿服务活动的持续性和稳定性。四是存在宣传不足与认知误区的问题。目前对志愿服务工作的宣传还不够充分，许多人对志愿组织、志愿活动、志愿者等概念不了解或存在认知误区。这导致志愿服务活动的社会认知度和参与度不高，难以形成广泛的社会影响力。五是志愿服务管理机制不健全。部分志愿服务组织存在管理机制不健全的问题，如缺乏明确的目标、组织架构、管理办法和监督机制等。这导致志愿服务活动组织松散、效率低下，难以发挥应有的社会作用。

四、重点领域改革模式：养老机构改革案例

自民政部于 2013 年 12 月启动开展第一批公办养老机构改革试点工作以来，各地积极行动，共有 1100 多家公办养老机构实施了公建(办)民营，其中，29 个省(区、市)选取了 126 家试点单位在民政部备案。具体的试点模式主要有"一院两制""托管经营"和"服务外包"等。

"一院两制"模式。2002 年湖北省枝江市社会福利院进行体制改革，实行"一院两制"的管理模式。当时主要存在的问题有：老人入住率一直处于低迷状态，仅供养城镇五保对象及代养老人 36 名，床位利用率仅为 30% 左右；多数房屋设施闲置，造成较大资源浪费；单位效益低下，改革前年收入不足 3 万元；管理水平较低，服务质量较差。职工缺乏危机感，人浮于事，服务不周到。福利院实施"两步走"的做法，第一步实行"一院两制"，即将院内新公寓楼(即一部分公寓楼)对外租赁经营，一部分由社会福利院经营；第二步实行整体租赁经营，实现公建民营。使社会福利院走上了一条投资多元化、管理科学化、服务社会化、营运市场化的发展轨道，开创了公办福利机构走向市场的新局面。入住该院老人数量达到 112 名，床位利用率达 100%，取得了较好的经济效益和社会效益。

"托管经营"模式。2016 年年初，随州老年康复护理医院对市社会福利中心社会福利院进行托管。按照托管协议，该市社会福利中心对移交给随州老年康复护理医院的资产和移交后政府投入资产保值进行监督。托管经营一年后，市社会福利中心与护理医院，对双方移交资产进行全面清查，并对托管后服务质量开展调查。经清查，移交的固定资产没有任何损坏及丢失，充分保证了国有资产不流失。在代养人员和其家属中通过对饮食满意度、服务项目、服务态度、医疗满意度四个方面展开的民意调查显示，代养老人对托管后的饮食安

排、护理质量、医疗服务态度等项目满意度均超过80%，对托管后享受的养老服务普遍给予较高评价。在国有资产管理、为老服务等方面，随州市社会福利中心公建民营改革逐步体现出管理模式先进、服务质量优越、社会认可度较高等诸多优势。

"服务外包"模式。2017年，荆州市第一社会福利院积极探索养老服务体系社会化的运营模式，以"服务外包"模式，加快推进养老服务供给侧结构性改革。该市第一福利院大楼设计1~4层为日间照料中心；5~11层为养老服务中心，将福寿苑老年综合大楼养老服务外包。外包项目通过竞争性谈判的方式进行政府采购。确定具备相当资质等级、具有多年养老服务行业从业经验、并拥有一定经济实力的民营机构进行市场化养老服务运营。按照"政府搭台、社会参与、市场运作、服务外包、惠及百姓"的思路，探索"一院两制"的管理机制，最大限度地简政放权，减员增效，降低成本，提高服务质量。该院已与中标方签订服务外包（非营利性）合同。双方约定，明晰产权关系，确保国有资产不流失、养老用途不改变、服务水平能提高。目前，各项工作进展平稳、顺利。

第三节　民政工作社会化的基本成效

经过多年的探索与发展，民政工作社会化已经取得了明显成效，民政业务中涉及儿童福利、养老服务、社区治理与发展、灾害救助与灾后重建、志愿服务、慈善事业等方面的社会化进程较快，对于提升人民群众获得感、挖掘社会领域投资潜力、实现经济社会协调发展起到了重要的促进作用。

一、法律法规体系逐步健全

民政领域制度体系的建立健全，不仅为民政工作社会化的规范化开展提供了重要依据，也是民政工作社会化效果的具体体现。它反映了民政工作的社会化从起步到发展再到逐步成熟的动态变化过程。社会化的制度体系逐步健全，体现在宏观与微观两个方面。从宏观方面来看，制度体系的逐步健全体现在民政领域法律法规体系的逐步完善；从微观方面来看，制度体系的逐步健全体现在某一领域的民政工作内容的体系化和系统化（见表3-3）。

表 3-3　　　　　　　　　　**民政工作社会化的法律文件列表**

事务分类	施行日期	法律法规名称	备注
社会组织管理	2019年1月1日	《慈善组织保值增值投资活动管理暂行办法》	
	2018年9月1日	《慈善组织信息公开办法》	
	2018年1月24日	《社会组织信用信息管理办法》	
	2016年9月1日	《慈善组织公开募捐管理办法》	
	2016年9月1日	《慈善组织认定办法》	
	1999年9月17日	《社会团体设立专项基金管理机构暂行规定》	2015年10月29日已废止
	1989年7月1日	《外国商会管理暂行规定》	
	2012年10月1日	《社会组织登记管理机关行政处罚程序规定》	
	2011年3月1日	《社会组织评估管理办法》	
	1998年10月25日	《民办非企业单位登记管理暂行条例》	
	1998年10月25日	《社会团体登记管理条例》	1989年10月25日国务院发布的《社会团体登记管理条例》同时废止
	2004年6月1日	《基金会管理条例》	1988年9月27日国务院发布的《基金会管理办法》同时废止
	2006年1月12日	《基金会信息公布办法》	
	2006年1月12日	《基金会年度检查办法》	
	2005年6月1日	《民办非企业单位年度检查办法》	
	2004年6月7日	《基金会名称管理规定》	
	2000年4月10日	《取缔非法民间组织暂行办法》	

续表

事务分类	施行日期	法律法规名称	备注
优抚安置	2016年2月1日	《军队无军籍退休退职职工服务管理办法》	
	2014年9月23日	《军队离休退休干部服务管理办法》	1990年7月18日的《军队离休退休干部休养所暂行规定》同时废止
	2014年3月31日	《烈士公祭办法》	
	2013年7月5日	《民政部关于修改〈伤残抚恤管理办法〉的决定》	1997年民政部颁布的《伤残抚恤管理暂行办法》同时废止
	2013年6月28日	《烈士纪念设施保护管理办法》	1995年7月20日民政部发布的《革命烈士纪念建筑物管理保护办法》同时废止
	2013年4月3日	《烈士安葬办法》	
	2011年11月1日	《退役士兵安置条例》	1999年12月13日的《中国人民解放军士官退出现役安置暂行办法》同时废止
	1984年10月1日	《中华人民共和国兵役法》	
	2004年10月1日	《军人抚恤优待条例》	1988年7月18日国务院发布的《军人抚恤优待条例》同时废止
	2011年8月1日	《烈士褒扬条例》	1980年6月4日国务院发布的《革命烈士褒扬条例》同时废止
	2011年8月1日	《优抚医院管理办法》	
	2011年3月1日	《光荣院管理办法》	
	1989年11月17日	《军用饮食供应站供水站管理办法》	1965年4月7日国务院批转的《军用饮食供应站、供水站组织管理暂行办法》同时废止
救灾工作	2010年9月1日	《自然灾害救助条例》	
	2008年4月28日	《救灾捐赠管理办法》	2000年5月12日民政部发布的《救灾捐赠管理暂行办法》同时废止
	2007年11月1日	《中华人民共和国突发事件应对法》	

续表

事务分类	施行日期	法律法规名称	备注
社会救助	2014年5月1日	《社会救助暂行办法》	
	2011年1月1日	《农村五保供养服务机构管理办法》	1997年3月18日民政部发布的《农村敬老院管理暂行办法》同时废止
	2006年3月1日	《农村五保供养工作条例》	1994年1月23日国务院发布的《农村五保供养工作条例》同时废止
	1999年10月1日	《城市居民最低生活保障条例》	
基层政权和社区建设	2019年1月1日	《中华人民共和国村民委员会组织法》	
	2019年1月1日	《中华人民共和国城市居民委员会组织法》	
	2018年1月1日	《村级档案管理办法》	
	2016年1月1日	《城市社区档案管理办法》	
	2010年10月28日	《中华人民共和国村民委员会组织法》	
	1990年1月1日	《中华人民共和国城市居民委员会组织法》	1954年12月31日通过的《城市居民委员会组织条例》同时废止
区划地名	2019年1月1日	《行政区划管理条例》	
	2008年9月1日	《行政区域界线界桩管理办法》	
	1989年2月3日	《行政区域边界争议处理条例》	1981年5月30日国务院发布《行政区域边界争议处理办法》同时废止
	1985年1月15日	《关于行政区划管理的规定》	
	1986年1月23日	《地名管理条例》	
	2005年5月31日	《省级行政区域界线联合检查实施办法》	
	2002年7月1日	《行政区域界线管理条例》	

续表

事务分类	施行日期	法律法规名称	备注
社会福利和慈善事业	2018年10月26日	《残疾人保障法》	
	2018年10月1日	《彩票管理条例实施细则》	
	2016年9月1日	《中华人民共和国慈善法》	
	2016年4月1日	《工伤保险辅助器具配置管理办法》	
	2014年12月1日	《家庭寄养管理办法》	2003年颁布的《家庭寄养管理暂行办法》同时废止
	2013年7月1日	《养老机构管理办法》	
	2013年7月1日	《养老机构设立许可办法》	
	2005年10月12日	《假肢和矫形器（辅助器具）生产装配企业资格认定办法》	
	2008年7月1日	《中华人民共和国残疾人保障法》	
	2013年7月1日	《中华人民共和国老年人权益保障法》	
	2009年7月1日	《彩票管理条例》	
	2007年6月1日	《中华人民共和国未成年人保护法（修订）》	
	2007年5月1日	《残疾人就业条例》	
	1999年12月30日	《社会福利机构管理暂行办法》	
	1999年9月1日	《中华人民共和国公益事业捐赠法》	

事务分类	施行日期	法律法规名称	备注
社会事务	2013 年 1 月 1 日	《殡葬管理条例（2012 年修正本）》	1985 年 2 月 8 日国务院发布的《国务院关于殡葬管理的暂行规定》同时废止
	2012 年 10 月 1 日	《中国边民与毗邻国边民婚姻登记办法》	1995 年颁布的《中国与毗邻国边民婚姻登记管理试行办法》同时废止
	1999 年 5 月 25 日	《中国公民收养子女登记办法》	
	2003 年 10 月 1 日	《婚姻登记条例》	1994 年 2 月 1 日民政部发布的《婚姻登记管理条例》同时废止
	2003 年 8 月 1 日	《城市生活无着的流浪乞讨人员救助管理办法》	1982 年 5 月 12 日国务院发布的《城市流浪乞讨人员收容遣送办法》同时废止
	1992 年 4 月 1 日	《中华人民共和国收养法》	
	2003 年 8 月 1 日	《城市生活无着的流浪乞讨人员救助管理办法实施细则》	
	1999 年 5 月 25 日	《外国人在中华人民共和国收养子女登记办法》	1993 年 11 月 10 日的《外国人在中华人民共和国收养子女实施办法》同时废止
	1999 年 5 月 25 日	《华侨以及居住在港澳台地区的中国公民办理收养登记的管辖以及所需出具证明材料的规定》	
	1981 年 1 月 1 日	《中华人民共和国婚姻法》	1950 年 5 月 1 日颁行的《中华人民共和国婚姻法》同时废止
	2006 年 1 月 23 日	《婚姻登记档案管理办法》	
	1993 年 3 月 30 日	《关于尸体运输管理的若干规定》	

从立法的数量增长趋势看，以社会组织立法为例，图 3-18 的统计结果清晰显示，从 2007 年到 2016 年的 10 年时间里，我国民政领域立法的数量呈现出快速增加趋势，体现出民政工作法治化进程加快的特点和趋势。

中国志愿服务体系的建立健全是民政工作社会化的典型代表。志愿服务的全面发展始于 20 世纪 90 年代初，至今也只经历了 30 余年。但是，中国志愿服务已经

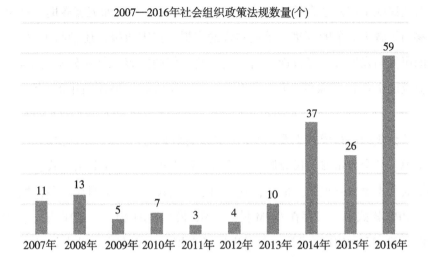

2007—2016年社会组织政策法规数量(个)

图3-18　2007—2016年社会组织立法数量变动趋势图

形成了涵盖九大领域的志愿服务内容体系、志愿者遍及全国各个省区以及包括志愿者、志愿团体、志愿项目、志愿地图、志愿服务证明和志愿管理部门在内的比较健全的"全国志愿服务信息系统",实现了全国志愿服务的可视化管理。不仅如此,全国各地还搭建了形式多样、内容丰富多彩的"社区志愿服务平台",如广西南宁"莫丽英爱心驿站",再如浙江省仙居县"瓯海区心理与社工服务中心"。

二、社会化的程度逐步提高

民政工作社会化的程度主要体现在三个方面:一是社会化的范围日益扩大,二是社会化的模式日益多元化,三是社会化的水平日益提高。

从社会化的范围来看,一方面体现在民政工作的12大领域,即社会组织管理、优抚安置、防灾减灾、社会救助、地名规划与地界勘察、基层群众自治建设、社会福利事业、婚姻管理、殡葬管理、儿童福利和收养登记、社会工作专业人才建设、国际交流与合作等基本上已经全面社会化。但不同的是,有些民政工作社会化程度更高,社会力量参与更多,参与的范围更广,如灾害救助、志愿服务、养老服务等,而有些民政工作社会化参与的程度较低,社会力量参与较少,参与的范围也较小,如地名规划与地界勘察、殡葬管理、婚姻管理等;另一方面，有些民政工作社会力量参与了其中的绝大部分工作，如灾害救助，社会力量不仅参与了救灾资金的筹集、救灾物资的支援、灾害救援，还参与了灾后重建、灾民的康复与发展等诸多方面，而有些民政工作的内容只是部分实现了社会化，如社会救助中低保对象的"第三方"认定、精准扶贫效果评估中的"第三方"评估等。

　　从社会化的运行模式来看，不同民政业务领域有不同的社会化模式。从大的方面来说，社会力量参与民政服务主要有三种模式，即政府购买模式、公私伙伴关系模式和志愿服务模式。但是，具体的运行模式又呈现出明显的多样性和差异性，如 PPP 模式中，又存在 O&M 模式、MC 模式、BT 模式、BOT 模式、TOT 模式、ROT 模式和 BOO 模式等；养老机构新兴模式中也存在，公办民营、民办公助、民办民营等模式；社会救助中，有集中供养模式和分散供养模式；儿童收养中，有 SOS 儿童村集中收养模式，也有分散化的家庭收养模式等（见图 3-19）。社会力量参与民政工作模式的多元化和参与形式的灵活化，充分显示了民政工作社会化的程度逐步提高的现实。

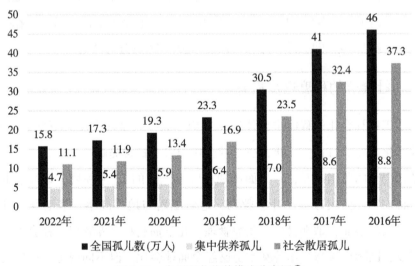

图 3-19　中国孤儿收养模式分布图①

　　①　本图数据来自：中华人民共和国民政部，各年度民政事业发展统计公报，https：//www.mca.gov.cn/n156/n189/.

　　从社会化的水平来看，民政工作社会化的水平指的是社会力量参与的程度，可以从社会力量的"投入"和"产出"两个角度来审视。从社会力量"投入"的角度来看，比如民政资金筹集中社会资金所占的比重，典型案例是灾害救助，如2008年汶川大地震，社会力量参与救灾资金的投入总量是民政部门投入的近4倍（见图3-20）。

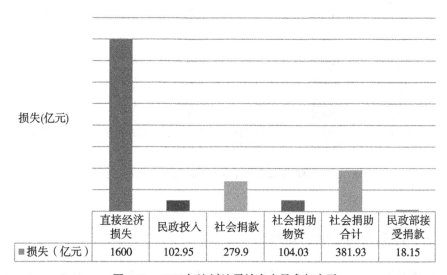

损失（亿元）	直接经济损失	民政投入	社会捐款	社会捐助物资	社会捐助合计	民政部接受捐款
■ 损失（亿元）	1600	102.95	279.9	104.03	381.93	18.15

图3-20　2008年汶川地震社会力量参与水平

　　从社会力量"产出"的角度来看，如在失能老年人收养问题上，民办和民营养老机构中收养的失能老年人数占总的失能老年人数的比例较大（见图3-21）。①从图3-21的统计结果来看，民办收养机构和家庭自办收养机构收养的失能老年人数量达到62.8%，占总体失能老年人数的三分之二以上，而社会福利院、城镇老年福利院、农村五保供养机构以及其他公办收养机构合计收养的失能老年人数所占比率不到40%。这一数据虽然只是一个时点的数据，但是，也在一定程度上反映了民政工作社会化的水平。

　　从失能老年人的居住方式来看，大约77.25%的失能老年人与家人同住，仅有8.28%的失能老年人居住在养老机构，因此，家人（主要是配偶和子女）仍然

---

　　① 随着居家养老的发展，失能老人与家人同住的占比较大。

是失能老年人最主要的照顾者。此外，还有 6.66% 的失能老年人处于独居（无保姆）状态，他们的照护问题亟须得到关注和解决。①

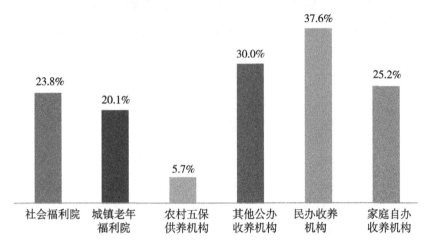

图 3-21 2009 年社会力量参与失能老年人收养的水平

三、社会化的量能日益增强

民政工作社会化的量能日益增强，主要体现在两个方面：一是社会参与主体的逐步增多；二是社会参与专业化程度日益提高。

社会参与主体包括社会组织和社会个体两个方面。社会组织主要体现在我国养老机构数量的快速增长方面，图 3-22 的统计结果反映了社会组织快速发展的趋势；社会个体主要体现在中国志愿者数量和持证社会工作师数量的快速增长方面，图 3-22 反映了持证社会工作师数量的快速增长。图 3-22 的统计结果表明，从 2010 年到 2021 年的 12 年时间里，中国养老机构的数量，从 3.9 万个快速增加到 35.8 万个，10 余年来我国养老机构数量增长了近 10 倍，其中，绝大部分增长的养老机构数量是民办养老机构数量增长带来的。

---

① 赵孟. 不到一成人住养老机构，失能老人如何照护？［EB/OL］.（2023-04-24）［2024-09-15］. https：//www.jiemian.com/article/9296723.html.

养老机构数量（万个）

图 3-22 2010—2021 年中国养老机构增长趋势图①

志愿者是中国民政工作社会化的重要社会力量，随着我国志愿服务模式的日渐成熟，志愿者、志愿团体的数量均呈现出快速的增长趋势。2024 年 8 月，全国志愿者数量已经达到 2.37 亿人。

社会工作者的数量也在迅速增长，从 2015 年到 2022 年的 8 年时间里，持证社会工作师和助理社会工作师的数量，分别从 5.2 万人和 15.4 万人快速增长到 20.4 万人和 72.5 万人，近 8 年时间里持证社会工作师和助理工作师的数量分别增长了近 4 倍和 5 倍（见图 3-23）。这为民政工作社会化积累了丰富的专业人才资源。

社会参与主体的快速增加，不仅为民政工作的责任分担提供了重要的支撑，更关键的是社会参与主体的增多，也带来了民政事务资金筹集能力的增强。以自然灾害救助为例，对于同样的捐赠额度，参与捐助的人数扩大就意味着灾害救助的能力提升。汶川特大地震灾区救灾捐赠管理系统提供的数据显示，在来源明确的 164 亿余元捐款中，个人捐款达到 70.12 亿元，企业捐款为 69.29 亿元，社会组织捐款为 24.27 亿元。这也就是说，个人捐款是灾民救助资金的主要来源，这是社会参与力量增加所带来的灾害救助能力提升的典型证据。

---

① 本图数据来自：中华人民共和国民政部，各年度民政事业发展统计公报，https：//www.mca.gov.cn/n156/n189/.

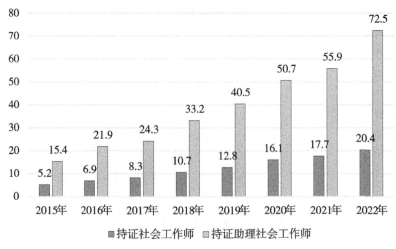

图 3-23　2015—2022 年中国持证社会工作师增长趋势图①

社会力量参与的专业化体现在宏观和微观两个方面。从宏观方面说，一是体现在领导的组织理念、工作方式与方法更加科学，二是体现在领导的组织能力也明显增强。从微观方面说，一是体现在民政工作的社会参与主体中，专业人才越来越多，比如持证的社会工作师和助理社会工作师，图 3-24 的统计结果已经充分说明了这一点。对于持证的社会工作师和助理社会工作师，他们首先经过了理论考试，而且社会工作师还经过了一定年限的实践检验。相对于没有资格证书的社会工作者来说，其专业化程度明显提高。比如在灾害救助中，医疗专业人员、心理学专业人员、教育工作者等多个方面的专业人士广泛参与，也在一定程度上提高了民政工作社会化的专业水平。

二是社会力量参与民政工作的具体内容越来越细。分工本身就意味着一种专业化程度的提升。如前文提到的志愿者，从 20 世纪 60 年代的单一的青年志愿者，发展到现在已经涵盖青年志愿者、巾帼志愿者、优抚志愿者、医疗志愿者、社区志愿者等 9 大方面的志愿服务。又如在灾害救助方面，不同的救灾力量，分别承担了不同的救灾任务，量力而行，分类施策，各有侧重。这也进一步提升了民政工作社会力量参与的专业化程度(见表 3-3)。

---

①　本图数据来自：中华人民共和国民政部，各年度民政事业发展统计公报，https：// www.mca.gov.cn/n156/n189/.

表 3-3 　　　　　　**各类社会组织参与地震救灾工作及灾后重建工作①**

组织类型	资源募捐(亿元)	主要救灾方式	救灾工作的特点	重建预算(亿元)	参与重建的特点
		救灾工作		**重建工作**	
红十字总会和中华慈善总会	57.089	物款支持、一线救援、组织志愿者、与当地分支机构及政府合作	配合中央统一部署,资源(人、财、物)动员能力强,垂直系统行动迅速	25.9	1. 利用自身系统优势与政府合作 2. 长期性规划和分阶段进行 3. 与其他社会组织广泛合作,动员各种资源,开展公益创新
16家全国性公墓基金会	13.756	物款支持、一线救援、组织志愿者、与政府及民间组织合作	针对性强、配合中央统一部署	8.12	1. 项目与组织宗旨相关,针对性强 2. 自主运作项目,并注意整合社会资源
行业协会	3	物款支持	发动大量会员赈灾		
私募基金会	12	物款支持、一线救援、志愿者培训和组织、资助民间组织	多方合作,机动灵活	10	1. 项目范围广、种类多 2. 注重合作和创新
境外民间组织	8.745	物款支持、一线救援、与当地民间组织和政府合作、组织志愿者	专业性强、管理强效、财务透明	7.3	1. 专业性强 2. 管理高效 3. 本土化
国内民间组织和志愿者团体	10	物款支持、一线救援、信息平台、组织志愿者	运用本地知识、联合行动、动员大量志愿者、信息及技术支持	6	1. 以点带面,建设示范点 2. 组织联动,团结协作 3. 信息技术,支持网络化

四、民政工作效率明显提升

提高民政工作效率,是民政工作社会化的根本目的。民政工作社会化的效率

---

① 本表资料来自:中山大学公民与社会发展研究中心和香港中文大学公民社会研究中心,《社会部门的兴起与挑战——社会参与汶川地震救灾与重建的评估与建议》,2009 年 5 月。

明显提升，体现在过程和结果两个方面。从过程的角度看，首先是指各项民政工作有人负责，其次是指不同参与主体之间能够各司其职，各负其责，分工协作，上下联动，有序推进各项民政工作落实落地。

民政工作效率提升的具体体现是，完成同样的民政工作社会化之后所花费的时间更短。以灾后重建为例，同样是地震级别达到8级左右，唐山地震的灾后重建花费了近30年才逐步完成；而汶川地震的灾后重建，用时不到3年就圆满完成了。尽管其中，有科技进步、救灾理念更加科学、经济发展水平更高等诸多因素的影响。但是，社会力量的广泛参与无疑在灾后重建工作中发挥了较为重要的作用。在唐山地震发生时，由于中国正处于阶级斗争的关键时期，救灾工作以灾区人民"自力更生和国家必要救援的原则解决，对单位或群众都不号召不发动救灾募捐"，更以"接受国外援助为耻"的认知拒绝国外灾害援助；而汶川地震期间，国家不仅公开接受了国外援助，而且动员全国各族人民参与救灾，这是汶川地震发生后，灾后重建如此之快的重要原因。

民政工作效率提高，并不意味着民政工作的效益也提高了。因此，民政工作社会化的效率提升还体现在民政工作的结果更好这一重要方面。从民政工作社会化的实践结果的角度看，民政工作社会化的效率提升，主要体现在完成同样的民政工作政府的投入相对较少，而民政工作的实践结果更好。结果的更好是需要有参照对象的，这里仅以灾害救助的理念为例，在唐山地震发生时，灾害救助的基本理念是"减少国家财产损失"，而汶川地震发生时，灾害救助的基本理念是"以人为本"，以不惜一切代价挽救生命为根本出发点。再以MH370飞机失事为例，在意外发生后，面对着痛不欲生的受难者家属，社会工作者跪在受难者家属面前，进行悉心的、专业化的心理疏导和精神关怀。这种以"灾民为本"的救助理念所带来的救助效果是不言自明的。

民政工作社会化是一个复杂而又漫长的过程，不可能一蹴而就。由于民政工作先天所具有的复杂性、公益性以及兜底保障性等特点，并不是所有的民政工作都需要或者都可以进行社会化。社会主体参与民政工作的社会服务存在一定的边界，这个边界一方面体现在需要保证社会主体、社会资本等社会力量在参与过程中有一定的利益回报，另一方面也体现在要保障相关群体的需求得到满足以及业务本身可能存在的保密性。目前，较多的民政业务都在朝着社会化的趋势发展，并且，绝大多数民政业务都可以采取适当的方式引入社会力量参与，如智力参与、行动参与等。

同时我们也应当看到，一些民政业务由于涉及极强的专业性，社会主体并没有足够的专业能力有效地参与进去，如地名规划与地界勘察，社会主体很难参与；也有一些民政业务涉及人民群众基本的生存权利，具有纯公共物品的性质，社会主体只能做到有限参与而不能成为公共服务供给主体，例如困难群众的最低生活保障；还有对于一些民政业务，尽管政府积极鼓励社会主体和社会资本参与进去，但是，由于相应的盈利模式和利润空间尚不明朗，社会主体和社会资本参与的积极性不是很高，如养老服务市场。

五、社会化效果的典型案例：SOS 儿童村

SOS 儿童村指的是通过家庭模式养育孤儿，从而让他们重新享有母爱和家庭温暖的国际性民间慈善组织。它起源于第二次世界大战后的奥地利，由著名医学博士、奥地利科学院名誉院士赫尔曼·格迈纳尔（Hermann Gmeiner）于 1949 年创建。创建的背景是，当时欧洲留下了大量的孤儿和寡妇，格迈纳尔博士经过长期探索，创建了世界上第一所 SOS 儿童村。1960 年，国际 SOS 儿童村组织（SOS Kinderdorf International，简称 SOS KDI），在联合国社会经济理事会注册，并取得联合国经社理事会咨商地位。截至 2018 年 12 月底，全球五大洲的 134 个国家和地区建立了超过 550 个 SOS 儿童村及附属设施。[1] 这些民间慈善组织帮助了超过 100 万名已经失去或即将失去家庭的儿童。SOS 儿童的发展及其特点如图 3-24 所示。

中国的 SOS 儿童村是中国政府和国际 SOS 儿童村组织合作的救助孤儿的公益机构，由中华人民共和国民政部主管。儿童村并非一个村子，而是社会组织、政府部门为孤儿、事实无人抚养儿童打造的一个成长聚居地。[2] 自 1984 年引入 SOS 儿童村模式并首先在天津和烟台建立了两所 SOS 儿童村以来，中国 SOS 儿童

---

① 和众泽益网. SOS 儿童村 | "微爱牵手"项目，邀您一齐为爱牵手[EB/OL].（2018-12-28）[2024-09-15]. http://www.hcvcchina.com/h-nd-516.html.

② 陈汉儿. 中国莆田 SOS 儿童村：让每个孩子成长亦成才[N]. 福建日报，2024-06-11.

村事业获得了显著发展。目前，全国共有 10 所 SOS 儿童村，分别分布在天津、烟台、齐齐哈尔、南昌、开封、成都、莆田、乌鲁木齐、拉萨、北京等地区。每个儿童村有 12~18 个家庭，这些家庭并非基于血缘关系，而是由经过严格选拔，让那些充满爱心同时又有责任感的妈妈们和 7~8 名渴望关爱的儿童共同组成。在这些家庭中，妈妈们用她们温暖的手，为孩子们编织了一个个充满爱与梦想的家园。妈妈们不仅负责孩子们的日常生活起居，更关心他们的内心世界和成长需求。在妈妈的精心呵护下，SOS 儿童村的儿童能够过上与其他儿童一样的生活。中国 SOS 儿童村的运作模式如图 3-25 所示。

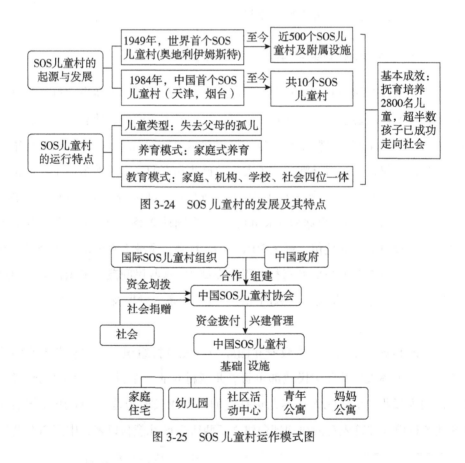

图 3-24 SOS 儿童村的发展及其特点

图 3-25 SOS 儿童村运作模式图

中国 SOS 儿童村是中国政府和国际 SOS 儿童村组织合作的孤儿救助公益机构。中国 SOS 儿童村协会负责 SOS 儿童村的监督与管理。运作资金源于两部分：

一方面由国际 SOS 儿童村组织直接划拨给中国 SOS 儿童村协会，另一方面依靠社会力量筹集资金(见图 3-25)。SOS 儿童村的主要机构包括家庭住宅、幼儿园、为 14 岁以上男青年提供学习生活场所的青年公寓、为 SOS 妈妈提供养老场所的妈妈公寓以及社交活动中心，完备的设施为孩子们提供了极具安全感和归属感的生活环境(见图 3-26)。

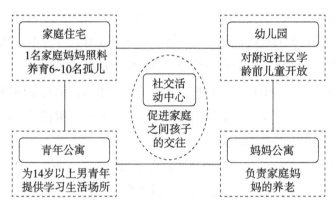

图 3-26　SOS 儿童村基础机构图

2012 年以来，中国有 9 个 SOS 儿童村的 182 名孩子参加高考，其中，有 179 人考入高等院校，而且大部分都进入大学本科就读。据中国 SOS 儿童村协会统计，从 2012 年至 2021 年，居住在 SOS 儿童村的孤困儿童连续十年高考升学率达到 100%。① 早在 2016 年，全国就已经有 639 个大专以上、222 个大学本科的 SOS 儿童村的孩子，而且，还有 38 个研究生以及 16 个国外留学生。

30 年来，我国 10 个 SOS 儿童村共抚育培养超过 2800 个失去父母关爱的孩子，有 1500 多个孩子成功走向社会，自食其力，成为各行各业的有用人才。SOS 儿童村组织帮助和拯救了无数的孤儿，在抚养和教育孤儿方面发挥着重要的作用，取得了较大成效，具有很高的社会公信力，已成为在世界上享有盛誉的慈善机构。

SOS 儿童村在发展过程中，尽管为孤儿和被遗弃儿童提供了宝贵的家庭式养育环境和教育支持，但仍面临着一些主要问题。这些问题可以归纳为以下几个方面：

---

① 数据来自：中国 SOS 儿童村的官方网站，https：//www.soschina.org.cn/.

一是经费问题。一方面，资金来源渠道单一。SOS 儿童村的运营经费主要依赖于政府资助、社会捐赠和国际 SOS 儿童村组织的支持。资金来源的单一性可能导致经费不足，影响儿童村的正常运转和儿童福利的改善。另一方面，运营成本较高。SOS 儿童村采用家庭式养育模式，每个家庭需要配备一名全职的"妈妈"来照顾儿童，这增加了人力成本。同时，儿童的教育、医疗和生活费用也是一笔不小的开支。

二是儿童的教育与就业面临挑战。一方面教育质量提升面临较大困难。随着社会对教育质量要求的提高，SOS 儿童村需要不断提升教育质量，确保儿童能够接受优质的教育。然而，教育资源的分配和教学方法的改进都需要持续投入和努力。另一方面就业支持不足。SOS 儿童村的儿童成年后面临就业问题。特殊的成长背景使他们可能在就业市场上处于劣势。因此，SOS 儿童村需要加强就业指导和支持，帮助他们顺利融入社会。

三是 SOS 儿童村中的儿童心理与情感支持问题。一方面是心理健康问题，孤儿和被遗弃儿童往往面临着心理创伤和情感缺失的问题。SOS 儿童村需要配备专业的心理咨询师或心理医生，为儿童提供必要的心理健康支持和干预。然而，目前部分儿童村在这方面还存在不足。另一方面是情感陪伴缺失问题。尽管 SOS 儿童村努力为儿童提供家庭式的养育环境，但由于"妈妈"需要照顾多个儿童，可能无法给予每个儿童足够的情感陪伴和关注。这可能导致儿童在情感上感到孤独和失落。

四是社会对 SOS 儿童村的认知与参与度不高。尽管 SOS 儿童村在全球范围内有着广泛的影响力，但在部分地区和社会群体中，其认知度仍然不高。这可能导致社会资源的分配不足和支持力度不够。SOS 儿童村的发展需要社会各界的广泛参与和支持。然而，目前部分地区的社会参与度仍然较低，志愿者招募和社会捐赠等方面存在困难。

五是国际合作与交流面临较大困难。一方面是由于国际合作机制不健全，SOS 儿童村是一个国际性组织，但在国际合作和交流方面仍存在一定的障碍。不同国家和地区之间的政策、文化和法律差异可能导致合作难度增加。另一方面是因为信息交流不畅，部分 SOS 儿童村之间缺乏有效的信息交流机制，导致经验分享和资源共享不够充分。这限制了儿童村整体发展水平的提升。

第四章　民政工作社会化存在的
主要问题与原因

民政工作是一个系统性、复杂性、多元性特点非常明显的行政性工作。民政工作的社会化是一个逐步发展的过程，并不是一蹴而就之事，也无法一蹴而就。中华人民共和国成立 70 余年来，有些方面的民政工作社会化程度已经非常高，比如灾害救助和灾后重建，大量的社会力量积极参与其中，共建共治共享的特点非常明显。但是，绝大部分民政工作的社会化才刚刚开始，如养老服务、社会优抚，这两个方面的民政工作社会化，社会力量参与无论是广度还是深度，都还远远不够；当然，还有一些民政工作社会化甚至还没有开始或者说社会化的程度还非常低，如域名管理与基层政权建设等。因此，分析民政工作社会化中存在的主要问题与原因，对于有效促进我国民政工作的社会化具有重要的现实意义。

第一节　民政工作社会化存在的主要问题

自"民政工作社会化"议题被提出以来，民政部门积极响应，持续探索民政工作的社会化转型之路，力求打破政府过去那种"大包大揽"和"企业办社会"的传统模式，推动形成政府、社会组织和个人以及国际组织等多方力量协同开展民政工作的新格局。这一转型旨在通过引入更多社会资源，提高民政服务的效率与质量，更好地满足人民群众多元化、个性化、多层次的民政服务需求。经过长期的努力和实践，企业办社会的局面已经得到了有效的扭转，社会组织和个人在民政工作中的参与广度和深度都在不断提升，为民政事业的深入发展注入了新的活力。然而，尽管取得了这些积极的进展，政府在民政工作中的主体地位并未得到根本性的改观。我国的民政工作社会化仍然面临着诸多挑战和问题，如政府职能转变不到位、社会组织发展不充分、公众参与机制不健全等，这些问题制约了我国民政工作的社会化进程，亟待进一步的改革与完善。

一、社会主体多元化参与不足

早在 2013 年全国民政会议就已经指出，要"构建政府管理与社会自治相结合，政府主导与社会参与相结合的社会管理和公共服务体制，最大限度地调动各方面积极性，激发社会活力"。① 但是，多年过去了，在绝大部分民政工作的推进中，社会主体多元化参与仍然显得明显不足。这主要表现在以下五个方面：

一是政府主导作用过于突出，其他主体参与受限。在民政工作社会化的进程中，尽管政府致力于推动多方力量的协同参与，但在实际效果上，政府的主导作用往往过于突出，导致其他社会主体的参与空间和积极性受到限制。这主要体现在政府在某些民政事务中仍然扮演着"大包大揽"的角色，未能充分放权给社会组织、企业和个人等多元主体，使得他们在民政工作中的参与度不高。

二是社会组织发育不足，参与能力有限。社会组织作为民政工作社会化的重要参与力量，其发育程度直接影响民政工作的社会化水平。然而，当前社会组织在数量、质量、专业能力等方面均存在不足，导致其在参与民政工作时难以发挥有效作用。一方面，社会组织的注册、审批等流程烦琐，限制了其数量的增长；另一方面，社会组织在资金、人才、管理等方面的资源有限，难以支撑其参与复杂的民政事务。

三是企业参与意愿不强，利益机制不完善。企业在民政工作社会化中也有着不可忽视的作用，但当前企业在参与民政事务时往往缺乏足够的动力和意愿。这主要是因为缺乏完善的利益机制来激励企业参与民政工作。企业在追求经济效益的同时，往往难以看到参与民政工作所能带来的直接利益，因此缺乏参与的积极性。

四是公众参与意识薄弱，参与渠道不畅。公众参与是民政工作社会化的重要基础，但当前公众的参与意识普遍薄弱，且参与渠道不够畅通。一方面，公众对

---

① 新浪网. 政府公共服务可交社会组织[EB/OL]. (2012-03-20)[2024-09-18]. https：//news. sina. com. cn/o/2012-03-20/072124142393. shtml.

民政工作的了解不够深入，缺乏参与的热情和动力；另一方面，现有的参与渠道和平台不够完善，难以满足公众多样化的参与需求。这导致公众在民政工作中的参与度不高，难以形成有效的社会监督和支持力量。

五是体制机制不健全，协同合作难度大。民政工作社会化的顺利推进需要健全的体制机制作为保障。然而，当前在体制机制方面仍存在不少问题，如部门之间协调不力、目标任务不明确、执行政策不到位等，这些都增加了多元主体协同合作的难度。同时，由于缺乏有效的监督和评估机制，民政工作的质量和效果也难以得到保障。

从灾害救助的角度来看，2008年汶川地震发生后，尽管全国总动员，募捐善款达千亿元，但是仅占全国当年GDP的0.3%左右，与美国仅个人捐献总额就达到GDP的2%～3%相比，中国灾害救助社会化参与程度明显较低。不仅如此，近年来社会捐赠总额国内外都呈现出下降趋势，美国慈善捐赠总额占GDP（国内生产总值）的比重在新型冠状病毒感染疫情暴发后达到新的峰值2.3%，而中国则仅仅达到0.15%左右，水平较低。即使去掉美国宗教捐赠（占比约30%），中国也仅为美国的1/10。①

从退役军人安置问题的角度来看，退役军人自主择业人数所占比例偏低，仍然以政府计划分配方式为主，社会力量主动接纳退役军人的积极性尚未充分发挥。例如，2009年至2014年，广西安置的5215名退役军官中，自主择业1082人，仅占总数的20.7%。2014年，浙江省退役军官中选择自主择业的比例为2.4%，广东省为7.0%。充分调动社会力量解决退役军人安置问题，是缓解政府安置压力的重要路径。

二、服务方式多样化发展不足

服务方式多样化是适应经济快速发展、服务对象多样化需求的必然要求，即采取多种服务方式，满足不同群体不同层次的需要，改变过去服务形式单一的做法，要求政府部门改变大包大揽、事必躬亲的工作方式，逐步建立"政府主导、

---

① 王玉. 中国慈善捐赠只有美国1/10，提高三次分配可从五方面入手[EB/OL].(2021-10-29)[2024-09-18].https://baijiahao.baidu.com/s?id=17149111502111993456wfr=spider&for=pc.

部门配合、社会参与"的工作机制。在我国现阶段民政工作中，服务方式多样化发展明显不足。从西方经验来看，政府业务合同出租、建立政府部门与私营部门的伙伴关系、公共服务社区化以及有选择地实行公共服务付费制度等社会福利服务方式值得学习和借鉴。① 目前，我国民政工作社会化服务方式主要包括政府购买服务方式、社会资本参与方式以及志愿参与等，但发展程度还远远不够。

在中国，民政服务方式多样化发展不足，具体可以从以下五个方面加以阐释：

一是服务方式单一化。这主要表现在两个方面：一方面是传统服务模式占主导。目前，部分地区的民政服务仍然依赖于传统的服务模式，如面对面咨询、纸质材料申报等，缺乏现代化的服务手段。另一方面是线上服务不足。随着互联网技术的发展，线上服务已成为趋势，但民政服务的线上平台建设和功能完善仍存在不足，无法满足群众多样化的需求。

二是服务内容不够丰富。这也表现在两个方面：一方面是服务覆盖面有限。民政服务的内容虽然逐渐增多，但仍存在覆盖面不够广的问题，部分群体的特殊需求未能得到充分满足。另一方面是个性化服务不足。民政服务对象的需求具有多样性，但当前的服务方式往往缺乏针对性，难以提供个性化的服务方案。

三是服务标准化程度不高。具体表现在两个方面：一方面是民政服务的标准不统一。各地区、各部门的实际情况不同，民政服务的标准难以统一，导致服务质量参差不齐。另一方面是民政服务的流程不规范。部分地区的民政服务流程不够规范，存在环节多、效率低、质量差的问题，影响了服务效率和群众满意度。

四是信息化程度不够高。具体表现在两个方面：一方面是民政服务信息系统不完善。民政服务的信息系统建设相对滞后，不同部门、不同业务之间的信息孤岛现象仍然普遍存在，难以实现数据共享和互联互通。另一方面是民政服务数据分析能力不足。民政部门在数据收集、整理和分析方面的能力有待提高，难以基于大数据进行精准服务和管理。

五是与其他部门合作不够紧密。这主要表现在两个方面：一方面是部门间的

---

① 袁国玲，孟召将. 政府公共服务方式多样化探析[J]. 成都行政学院学报（哲学社会科学），2005(2)：8-9.

壁垒较多。民政部门在开展工作时，需要与其他相关部门进行紧密合作，但目前存在部门间壁垒和资源分散的问题，影响了服务效能的提升。另一方面是不同部门之间的协调机制不健全。部分地区的民政服务协调机制不健全，导致在服务过程中出现推诿扯皮、责任不清等问题。

三、服务队伍专业化水平较低

民政工作服务队伍专业化，不仅是民政工作社会化的内在要求，也是满足民政对象多样化、个性化服务需求的根本保障。然而，由于我国民政工作社会化发展起步较晚，民政工作服务队伍普遍存在人才不足、专业化程度偏低、队伍年龄老化和队伍不稳定等特点。从专业社会工作者的角度来看，我国高等学校每年培养近1万名专业社会工作者，但只有不到30%的毕业生最后选择就业于社会组织，通过职业水平测试的累计人数不足4万人，专业化水平极低，远远不能适应中国养老服务需求快速发展的现实要求。从养老机构护理人员的角度来看，中国城市老年人中，失能和半失能的比例达到14.6%，农村已经超过20%，这部分老人需要专业的护理和照顾，按照老年人与护理员比例为3∶1来推算，全国最少需要1000万名养老护理员。而目前，全国老年福利机构的职工只有22万人，取得养老护理职业资格的也不过2万多人，专业护理人员的严重匮乏，已经成为许多城市养老服务社会化的瓶颈问题。

在中国，民政服务队伍专业化水平较低的问题，是当前民政工作中面临的一个重要挑战，主要体现在以下几个方面：

一是专业背景与资质缺乏。一方面，民政服务人员的专业背景不足。许多民政服务工作者并不具备社会工作、社会学等相关专业背景，这导致他们在处理复杂问题时可能缺乏必要的理论知识和专业技能。另一方面，民政服务人员的职业资格证书持有率低。调查结果显示，部分地区的民政服务工作者中，持有社会工作相关职业资格证书的比例较低，这直接影响了民政服务队伍的专业化水平。

二是接受教育与培训不足。一方面，民政服务队伍的系统教育缺失。许多民政服务工作者没有接受过系统的社会工作专业教育，这导致他们在实际工作中可能缺乏必要的理论基础和实践经验。另一方面，民政服务队伍接受的在职培训也明显不足。虽然部分单位倡导工作人员参加社会工作者职业水平考试，但培训资源有限，且通过率不高，难以有效提升整个队伍的专业化水平。

三是专业素质与能力欠缺。一方面，职业素质不高。部分民政服务工作者在职业道德、职业素养等方面存在不足，影响了服务质量和效率。另一方面，专业能力有限。由于缺乏专业背景和有效培训，部分工作者在处理具体问题时可能显得力不从心，难以满足群众多样化的需求。

四是工作量大与资源有限。一方面，民政服务人员的工作负担较重。基层民政工作量大、任务繁重，但人员编制有限，导致工作者难以有足够的时间和精力去提升专业素养。另一方面，民政服务资源分配不均衡。在民政资源分配上，部分地区的民政服务队伍可能面临资金、设备等方面的短缺，这也限制了他们提升专业化水平的可能性。

五是民政服务的信息化水平低。一方面，民政服务信息化设备和技术落后。部分地区的民政服务队伍在信息化设备和技术方面存在不足，难以利用现代信息技术手段提高工作效率和服务质量。另一方面，民政服务信息交流平台不畅通。信息交流平台的不畅通也限制了工作者之间的学习和交流机会，影响了整个队伍的专业化进程。

四、运行机制市场化程度不高

党的十八届三中全会指出，要"让市场在资源配置中起决定性作用"。民政工作市场化，不仅仅可以通过政府购买服务、公私伙伴关系以及志愿服务模式，还可以充分发挥市场机制的作用。但是，从目前来看，我国民政工作行政化痕迹仍较为明显，社会化发展程度不高。从养老机构发展来看，公办养老服务机构定位趋向于福利性和公益性，地方财政、税收明显偏向于公办养老机构，这既造成了政府办养老机构的管理僵化，又导致民办养老机构发展困难。在抗灾救灾方面，市场机制运用更显不足。以商业保险在灾害救助中的表现为例，2008年我国南方雨雪冰冻灾害造成直接经济损失1516.5亿元，保险赔付不到50亿元，赔付率为3.3%。2008年汶川地震造成直接经济损失8451.4亿元，保险赔付16.06亿元，保险赔付率仅为0.19%。然而，2009年全球因巨灾造成的经济损失为620亿美元，保险赔付率为42%；近20年来，国际上自然灾害的保险赔付金额一般都占灾害直接经济损失的30%~40%，而我国的这一比例仅为3%左右；世界最大的巨灾再保险市场是美国、英国和日本，占到全球巨灾再保险市场份额的约60%。① 统计数据显示，2008年、2009年、2010年和2011年，全球发生的巨灾损失分别为2690亿美元、690亿美元、2220亿美元和3700亿美元，其中商业保险赔偿部分36.21%、42.36%、18.35%和31.35%。② 从典型国家来看，2007年，英国因洪水导致的经济损失达72亿美元，但保险补偿了48亿美元，覆盖整体损失的67%；日本在2011年的"东日本大地震"中的经济损失达2096亿美元，其后的保险补偿额约为350亿美元，占到了地震灾害损失的16.7%。③ 由此可见，市场化水平低也是我国民政工作社会化发展存在的突出问题。

在中国，民政工作社会化运行机制市场化程度不高，主要表现在以下几个方面：

一是专业化水平与责任意识不足。民政服务领域，尤其是养老服务、社区服务等，虽然引入了市场机制，但部分服务提供者的专业化水平和责任意识仍有待提高。例如，一些民办养老机构由非专业背景的个体老板运营，他们可能缺乏专业的养老服务知识和技能，导致服务质量和水平不高。同时，由于责任意识不强，部分服务提供者可能忽视对服务对象的关爱和照顾，影响服务效果。

二是激励机制动力明显不足。在民政事业引入市场机制的起步阶段，市场主体尚不成熟，需要政府提供制度与政策层面的激励。然而，当前社会组织、私人企业参与民政公共服务供给面临的最大问题就是资金不足。由于运营成本高昂，运营效益不明显，甚至出现亏损，许多服务机构难以维持正常运营。此外，由于缺乏必要的投入，社会组织难以吸引专业化社工人才的加入，进一步限制了民政公共服务供给的可持续发展。

三是监督与评价机制不完善。在民政工作社会化运行过程中，监督与评价机制的不完善也是市场化程度不高的一个重要表现。缺乏有效的监督和评价机制，

---

① 中华财经网. 保险公司不愿涉及　自然灾害赔付率仅3% 巨灾保险供给缺口怎么补 [EB/OL]. (2017-08-14) [2024-09-31]. https://finance.china.com/jrxw/13000288/20170814/31089596_all.html.

② 搜狐网. 地震洪水频发　何不为其买保险？[EB/OL]. (2016-07-22) [2024-09-20]. http://news.sohu.com/s2016/dianji-1915/index.shtml.

③ 搜狐网. 地震洪水频发　何不为其买保险？[EB/OL]. (2016-07-22) [2024-09-20]. http://news.sohu.com/s2016/dianji-1915/index.shtml.

部分服务提供者可能忽视服务质量和效果的提升，导致服务水平参差不齐。同时，由于监督不到位，还可能出现违规操作、损害服务对象权益等问题。

四是管理体制机制不健全。民政工作社会化运行机制的市场化程度不高还与管理体制机制不健全有关。当前，部分地区的民政业务基础工作还存在薄弱环节，管理体制机制不够完善，制度化、规范化管理水平有待于进一步提高。这导致在民政项目实施过程中，部门之间协调不力、目标任务不明确、执行政策不到位等问题时有发生，影响了民政工作的整体效果。

五是思想认识与执法依据问题。部分民政干部在思想认识上存在着误区，如重政策、轻法律，重审批、轻监管等，导致在实际工作中出现偏差。同时，民政行政执法所依据的法律、法规、规章和规范性文件存在不明确、不具体的问题，缺乏硬性要求和可操作性，也影响了执法效果。此外，由于执法依据偏软，加上行政执法人员没有统一着装和标志，执法活动缺乏权威性和易识别性，也制约了民政工作的市场化进程。

第二节　民政工作社会化发展的制约因素

民政工作社会化不足的原因是多方面的，既有政策与制度方面的原因，也有政策和制度执行层面的原因；既有人为主观因素的影响，也受到客观现实环境因素的制约。总体来看，民政工作社会化不足的原因，主要体现在三个方面：一是政府职能的越位、缺位与错位，二是社会组织发展的限制因素，三是民政社会服务的供需错位。

一、政府职能：越位、缺位与错位并存

政府职能是政府作为国家行政机关，依法在国家政治、经济以及其他社会事务管理中所应履行的职责和作用。民政工作社会化是政府、社会组织和个人等其他社会力量之间关系的重新配置和调整。政府职能"三位"并存，即越位、缺位与错位的同时存在，不仅影响政府职能的正常发挥，影响政府工作效率，还会对社会力量参与民政工作带来严重阻碍，成为制约民政工作社会化发展的重要原因。

（一）政府职能越位问题

民政工作社会化过程中的政府职能越位问题，主要是指在推进民政工作社会化进程中，政府未能处理好政府与社会、市场、企业之间的关系，超越了其应有的职能范围，直接介入或过度干预了本应由市场、社会或其他主体承担的事务，管理了一些不该管、不必管、管不好、管不了的事。这种越位现象不仅影响了民政工作的效率和效果，还可能制约社会力量的发挥和民政事业的可持续发展。

民政工作社会化进程中的政府职能越位，主要体现在以下四个方面：

一是政府直接包揽市场和社会事务。一方面体现在政府替代市场机制。政府在某些情况下，直接包揽了本可以通过市场机制有效解决的事务。例如，在养老服务领域，政府可能过度投资于养老机构的建设和运营，而忽视了市场在资源配置中的决定性作用。这不仅增加了政府的财政负担，还可能抑制了养老服务的创新和发展。另一方面体现在政府干涉社会组织运作。政府可能通过行政手段直接干预社会组织的内部管理和事务运作，使社会组织失去了独立性和自主性。这种干涉不仅削弱了社会组织的服务能力，还可能引发社会组织的依赖性和惰性。

二是民政工作的行政化倾向严重。一方面体现在是事业单位行政化。政府与事业单位界限不清，导致事业单位过度行政化。一些事业单位在人事、财务等方面缺乏独立性，过度依赖政府拨款和行政指令，难以发挥其在社会服务中的专业优势。另一方面体现在社区自治组织行政化。居委会和村委会等社区自治组织在实际操作中往往被上级政府视为下属机构，承担了过多的行政任务。这不仅削弱了社区自治组织的自治功能，还可能引发社区居民的不满和抵触情绪。

三是政府审批过多过滥、效率低下。一方面体现在行政审批程序烦琐，手续繁多。政府在民政工作社会化过程中设置了过多的行政审批环节，导致项目落地难、运营成本高。这种烦琐的审批程序不仅降低了工作效率，还可能成为腐败和权力寻租的温床。另一方面体现在行政审批标准不一。不同部门、不同地区的审批标准存在差异，导致同一项目在不同地方可能面临不同的审批结果。这种标准不一的现象不仅增加了市场主体的运营成本，还可能引发不公平竞争和市场混乱。

四是职能定位不明确。一方面体现在上下级政府职能错位。在民政工作社会化进程中，上下级政府之间的职能定位不明确，导致工作重叠和推诿扯皮现象时有发生。这种错位现象不仅影响了工作效率，还可能引发资源浪费和职责不清等问题。另一方面体现在政府部门间职能交叉。不同政府部门之间在民政工作社会化进程中存在职能交叉现象，导致工作重复和资源浪费。这种交叉现象不仅增加了协调难度，还可能引发政策冲突和执行困难等问题。

例如，在社区建设中，不能正确处理政府与社区之间的关系。具体表现在以下两个方面：一方面是，"以政代社"，政府包揽过多应由社会组织所承担的职能，如组织或承办社区文化活动、志愿活动以及公益慈善活动；另一方面是，将社会组织视为政府的附属单位，干涉其自主活动，直接将政府与社区的指导与协助关系转变为领导与被领导的关系。一方面，政府包揽了许多事务性工作，加大了财政投入，同时抑制了社会组织的健康发展；另一方面，政府与社会组织之间模糊的关系问题，导致社会组织自身定位模糊，效率低下，不利于社会组织的成长。

再如，在慈善组织建设中，存在着法律规制过严、过度干预组织内部事务的越位行为。以2008年汶川地震为例，80%的捐款都进入了财政账户，这样既不利于慈善组织的健康成长，同时也形成了双重监管体制，可能导致各部门间相互推诿，效率低下。

又如，在殡葬服务领域，政府一直处于垄断地位。政府既是殡葬服务领域国有资产的所有者，又是具体服务的经营者，同时还是监管政策的制定者和执行者，这导致殡葬服务领域定价乱象丛生、服务设施投入不足。以上海某殡仪馆为例，单具遗体的平均消费从2002年的3000元上升到2010年的7000元。[①] 但是，据统计，我国目前只有约三分之一的殡仪馆处于营利状态，政府垄断限制了殡葬服务业的良性发展，也制约了民政工作的社会化发展和民政工作效率的提升。

(二)政府职能缺位问题

政府职能缺位，主要是指本来应当由政府提供的公共产品和服务，政府却没

---

① 华南陵园网. 殡葬服务业存在的问题[EB/OL]. (2022-10-10)[2024-09-20]. https：//www. 51gmw. cn/xingyedongtai/16815. html.

有充分尽职尽责，未能充分履行其应有的职责和角色，甚至在某些公共领域出现了"真空"现象，导致一些本应由政府主导或支持的事务未能得到有效开展。这主要包括两个方面的问题：一是政府该管的没有管，该做的没有做；二是政府虽然做了或管了，但是存在庸政懒政、效率低下的问题。在高压反腐的今天，后一种情况更为严重。

民政工作社会化中的政府职能缺位，具体表现在以下几个方面：

一是对非政府组织的培育和支持不足。政府在民政工作社会化中，应当积极培育和支持非政府组织（NGO）、社会工作机构等社会力量的发展。然而，现实中一些政府部门存在对非政府组织认识不足、支持不够的问题。具体表现为：一是政策引导缺失。政府未能及时出台有利于非政府组织发展的政策措施，缺乏明确的培育目标和路径规划。二是资金扶持不足。非政府组织在运营过程中往往需要大量的资金支持，但政府财政中往往缺乏针对非政府组织的专项预算，导致其运营困难。三是监管和服务不到位。政府在非政府组织的注册、管理、评估等方面缺乏有效的监管和服务机制，影响其健康发展。

二是公共服务供给不足。民政工作社会化要求政府从传统的直接提供服务向引导社会力量提供服务转变。然而，在实际操作中，政府仍存在公共服务供给不足的问题。具体表现为：一是服务覆盖范围有限。一些地区的民政公共服务设施不足，无法满足居民的基本需求。二是服务质量参差不齐。由于缺乏统一的服务标准和监管机制，不同服务提供者所提供的服务质量存在较大差异。三是服务创新不足。政府在推动民政服务创新方面力度不够，未能充分激发社会力量的创新活力。

三是法规政策和监管体系不完善。民政工作社会化的顺利推进需要完善的法规政策和监管体系作为保障。然而，现实中存在以下问题：一是法规政策建设滞后。随着民政工作社会化的不断发展，一些现有的法规政策已经无法适应新的形势和需求。二是监督管理体系不健全。在民政服务领域，缺乏统一、有效的监管体系，导致市场秩序混乱、服务质量参差不齐等问题。三是政策执行不力。一些地方政府在执行民政政策时存在打折扣、搞变通等现象，影响了政策效果的发挥。

四是对新兴社会问题的响应不及时。随着社会的不断发展，新的社会问题不断涌现。然而，政府在应对这些新兴社会问题时往往存在响应不及时的问题。具体表现为：一是对新问题认识不足。对于新兴社会问题的性质、特点和影响认识不足，导致无法及时采取有效措施加以应对。二是资源投入不足。由于资金、人力等资源有限，政府在应对新兴社会问题时往往难以投入足够的资源。三是应急处理机制不健全。缺乏健全的应对机制和协作机制，导致政府部门之间在应对新兴社会问题时难以形成合力。

在我国现阶段的民政工作中，政府职能缺位，具体体现在防灾减灾教育宣传不够、机构养老政策扶持不足、慈善事业监督缺失以及社会救助中的立法缺失、监督不力等方面。

在防灾救灾方面，政府强调灾后的救助与重建工作，而忽视灾前的防灾教育与宣传工作。据统计，5335 名学生在 2008 年汶川地震中遇难和失踪，其中尤以北川中学死伤最为惨重，全校近三分之一师生遇难，而同样位于地震重灾区的安县桑枣初级中学所有学生全部脱险，因为该校平时十分注重防灾教育。防灾救灾关系全民，政府职能在防灾教育上的缺失，直接关系到灾害所带来的损失。

在机构养老的政策扶持方面，政府对民办养老机构扶持力度不足。例如，浙江省公办养老机构每张床位平均投资额（补贴额）高达 48620 元，而民办养老机构每张床位仅有一次性补贴 3000 元。对民办养老机构的不公平，使得民办养老机构在市场竞争中处于不利地位。在慈善事业中，政府监督缺失问题屡见不鲜。2008 年汶川地震中有 8000 元赈灾款被挪用事件，既违背了捐赠者的初衷，也违反了《中国红十字会募捐和接受捐赠工作管理办法》，更伤害了捐助者的捐助积极性；2010 年尚德公司捐赠给中华慈善总会的 1700 多万元的太阳能电池组件被折价变卖，钱款去向不明。官办慈善公益组织，出现这样严重的问题，无不暴露出政府部门的监督缺位问题。

在社会救助中，存在着政府立法缺失和监督缺失问题。目前，在社会救助领域，我国仅有《城市居民最低生活保障条例》以及《社会救助暂行办法》等法律规范性文件，暂未出台一部《社会救助法》，呈现出明显的立法层次低、碎片化特点，法律保障的缺失将导致在社会救助出现"无法可依"现象；而"人情保、关系保""错保"等现象的存在体现了政府在社会救助中存在监管不力问题。

(三)政府职能错位问题

政府职能错位是指政府在履行其职能过程中，未能正确界定和行使自身应有的权力和责任，导致职能的交叉、重复或缺失。换句话说也就是政府内部发生了职能混乱现象，即你干我的事，我越你的权，互相打乱仗。这种错位可能表现为政府过度干预、干预不足或干预方式不当等问题。

一是过度干预与政府职能越位。一方面体现在政府过度承担市场和社会职责。在民政工作社会化过程中，政府有时可能过度承担了一些本应由市场或社会组织承担的职责，如直接提供某些服务或产品，而非通过政策引导和市场机制来实现。这种过度干预不仅增加了政府负担，还可能抑制了市场和社会组织的活力。另一方面体现在政策执行中的强制干预。个别基层政府在政策执行中可能存在"自利性"，出于对某些利益既得者的保护，运用强制手段进行干预，影响了政策的实效性和推进效率。

二是干预不足与政府职能缺位。一方面体现在市场监管和公共服务不到位。政府在社会福利、社会救助、慈善事业等领域应负有重要责任，但在实际执行中可能存在监管不力或公共服务提供不足的问题。例如，对慈善组织的监管不到位，可能导致慈善资金被滥用；对弱势群体的救助不及时或不足，可能损害其基本生活权益。另一方面体现在对非政府组织培育不够。政府应致力于培育、指导和监督专业的中介服务组织、社会工作机构等，但在实践中可能存在培育不足的问题。这些机构在化解社会矛盾、帮助弱势群体等方面具有重要作用，但缺乏政府的支持和引导，可能难以充分发挥其作用。

三是职能交叉与政府职能重复。一方面体现在政府内部部门间的职能重叠。在基层政府中，不同部门之间可能存在职能重复设置、交叉重叠的问题。这不仅浪费了行政资源，还可能导致政策执行中的矛盾和冲突。另一方面体现在政府与市场、社会组织的职能界限不清。在民政工作社会化的过程中，政府、市场和社会组织之间的职能界限有时可能不够清晰。这可能导致政府过度干预市场和社会组织的运作，或者市场和社会组织无法有效承接政府转移的职能。

政府职能错位包括纵向错位、横向错位和条块错位三个方面。在民政工作中，政府职能错位表现在社会保障、慈善事业以及村委会自治等多个领域。

就社会保障而言,一方面,存在着中央政府与地方政府的财权与事权不匹配现象。2015 年中央与地方预算中,总收入分别是 69267.19 亿元、83002.04 亿元,社会保障与就业支出总额分别是 723.07 亿元、18295.62 亿元;另一方面,表现为部门之间的权责划分不适当。我国社会保障支出占财政比重仅保持在 11%左右,不仅低于中等发达国家 20%左右的水平,也比行政管理费用支出少。截至 2014 年年底,全国社会服务事业费用支出 4404.1 亿元,占国家财政的 2.9%,与美国将政府财政开支的 73%用于社会保障、教育文化、公共卫生等公共产品相比,比例明显偏低。①

在慈善事业方面,政府职能错位主要表现在对慈善事业监督的职能交叉以及对慈善事业财政拨款的职能混淆两个方面。一方面体现在政府对慈善组织的监督体制不完善。民政部门主要监督慈善组织的入门登记是否合法,而慈善组织日常业务、财务状况的监管主体是具体职能部门。慈善组织的多重监管模式下,难免出现部门间相互推诿、扯皮现象,影响监督效果。另一方面体现在我国政府对慈善组织的财政支持方式多为财政直接拨款方式,很少采取间接减免税收的方式,既会造成慈善组织对政府拨款的强烈依赖性,又会抑制企业和个人的捐赠积极性。

在村委会自治方面,村委会与乡镇政府存在一定的职能冲突。《村民自治法》规定,乡村社会与乡镇基层政府处于结构式分离状态,乡镇政府与村委会不再是领导与被领导关系;但《地方政府组织法》将乡镇政府定位为基层社会经济、文化、社会等领域的领导者,这种法理上的定位使得乡镇基层政府又能够干预农村社会事务。

二、社会组织:自身发展不足与外部环境限制

改革开放以来,我国社会组织建设取得了明显成就。从数量上看,我国社会组织总量快速增长,发展迅猛;从业务范围来看,社会组织设计领域不断拓宽,遍及教育、卫生、科技、文化、环保及社会福利等各个领域。社会组织已然成为沟通党和政府与人民群众的桥梁和纽带,成为我国社会经济发展中一支不容忽视的力量。但总体上看,社会组织参与民政事业存在诸多限制因素。

---

① 中华人民共和国民政部. 资讯数字[J]. 中国民政,2015(12):6-7.

（一）社会组织自身限制因素

1. 社会组织的数量不足。

近年来，我国社会组织发展迅猛，数量急剧增加，但依然处在较低水平。截至 2022 年年底，我国社会组织数量总数接近 90 万个（见表 4-1）。[①] 其中，社会团体有 37 万余个，基金会有 9319 个，民办非企业单位约有 51.2 万个。三类社会组织占我国社会组织的比重分别为 41.54%、1.1% 和 57.45%。然而，2022 年国民经济和社会发展统计公报显示，截至 2022 年年底，我国共有人口 141175 万人，比上年末减少 85 万人。[②] 按照这样的人口数量统计，我国 2022 年年底每万人拥有社会组织的数量为 6.3 个。在发达国家，每万人拥有的社会组织的数量一般会超过 50 个，有些国家甚至会超过 100 个，如法国 110 个，日本 97 个，发展中国家平均也达到 10 个，而中国只有不到 7 个；同时，发达国家社会组织就业人数一般约占总人口的 10%，而我国却不足 1%，差距甚大。

表 4-1　　　　　**2022 年年底我国各类社会组织的数量及登记部门**

类型	社会团体（个）	基金会（个）	民办非企业单位（个）
民政部登记	1995	215	92
省级民政部门登记	32210	6177	15153
市级民政部门登记	90761	1990	63550
县级民政部门登记	245127	937	433060
合计	370093	9319	511855

2. 社会组织专业人才缺失。

一方面，社会组织专业人才欠缺、人力资源结构不合理。统计数据显示，我

[①]　中华人民共和国民政部. 2022 年民政事业发展统计公报［EB/OL］.（2023-10-13）［2024-09-30］. https://www.mca.gov.cn/n156/n2679/c1662004999979995221/attr/306352.pdf.

[②]　中华人民共和国国家统计局. 中华人民共和国 2022 年国民经济和社会发展统计公报发布［EB/OL］.（2023-02-28）［2024-09-30］. https://www.stats.gov.cn/sj/zxfb/202302/t20230228_1919011.html.

国慈善组织中 50 岁以上者比例为 52%，人口年龄结构老化，大专及以下学历者比例为 66%，整体学历偏低。另一方面，社会组织福利待遇低，对专业人才吸引力不足。基金会蓝皮书统计的结果表明，中国基金会人员的福利开支与办公开支的比例明显偏低。截至 2022 年，全国开设社会工作专业的普通高等院校达到 292 所，① 但是社会工作专业就业的对口率明显偏低。

社会组织专业人才缺失，主要表现在以下几个方面：

一是社会组织专业人才数量不足。一方面，社会组织专业人才缺口巨大。社会组织领域专业人才缺口约百万，这一数字反映了该领域对专业人才的迫切需求与现有供给之间的巨大差距。另一方面，社会组织从业人员跨界转行现象普遍。大部分进入公益领域的从业人员属于跨界转行人士，他们可能缺乏系统的专业知识和实践经验，导致社会组织在运营和项目管理上遇到诸多挑战。

二是社会组织专业人才质量不高。一方面，社会组织从业人员专业知识背景薄弱。拥有社工专业背景或系统学习过公益慈善课程的人所占比例非常低，这导致社会组织专业人才的质量难以保证。另一方面，社会组织从业人员专业能力不足。由于专业知识的缺乏，社会组织在筹款、项目管理、人力资源、财务等方面可能面临专业能力不足的问题，影响组织的整体运营效果。

三是社会组织专业人才流失问题严重。一方面，社会组织专业人才的职业认同度较低。部分社会工作专业人员对自身的专业认同度较低，认为社会工作专业的优势不明显，且性格、兴趣等与从事社会工作的要求不相符，导致他们不愿意长期从事这一行业。另一方面，社会组织从业人员的福利待遇偏低。社会组织的保障制度和福利待遇相对较低，人才成长空间狭小，难以吸引到优秀的专职人员。许多社会工作者可能因为薪资、职业发展等原因而选择离开该领域。

四是社会组织专业人才培训体系不完善。一方面，社会组织专业人才培训体系缺失。公益行业缺乏完善的培训体系，导致从业人员难以获得系统的职业培训和提升机会。这进一步加剧了社会组织专业人才短缺的问题。另一方面，社会组织专业人才的培训资源不足。即使有培训机会，也可能因为培训资源有限、培训

① 艺考网. 2022 全国开设社会工作专业的大学院校有哪些？[EB/OL].（2022-02-12）[2024-09-30]. https：//www.027art.com/daxue/zhuanye/12705525.html.

内容与实际需求脱节等问题而无法满足从业人员的实际需求。

五是社会组织内部成员不稳定。由于专业人才短缺和培训体系不完善等问题，社会组织内部成员流动性很高，这不利于组织的稳定和发展。专业人才缺失和质量不高会直接影响社会组织提供社会服务的效果和质量，进而影响其在社会中的公信力和影响力。

3. 社会组织的公信力欠缺。

社会组织公信力欠缺是一个复杂而重要的社会问题，其表现和典型案例可以从多个角度进行分析。

从社会组织公信力欠缺的表现看：一是社会组织的声誉受损。公信力欠缺直接导致社会组织的声誉和形象受损，公众对其的信任度降低，进而影响其社会影响力和号召力。二是社会组织获得的支持减少。由于公信力下降，社会组织可能面临资金、志愿者、合作伙伴等支持力量的减少，影响其正常运营和发展。三是社会组织面临信任危机。公信力缺失容易引发信任危机，公众对社会组织的质疑和不满增加，可能导致社会组织的公信力进一步恶化。四是社会组织面临法律风险。在公信力严重缺失的情况下，社会组织可能面临法律风险和行政处罚，如被吊销证书、停止活动等。

"中华少年儿童慈善救助基金会(中华儿慈会)事件"和"郭美美事件"，是社会组织公信力欠缺的典型案例。2023年9月，"中华儿慈会"卷入"千万救命款被骗走"事件，引发社会广泛关注。① 经过半年多的调查，民政部发布通报，指出"中华儿慈会"存在内部管理不规范、9958项目操作违规等问题，并对其作出停止活动三个月的行政处罚，同时将其列入社会组织严重违法失信名单。该事件暴露出来的主要问题是："中华儿慈会"在事件中的表现包括内部管理不善、项目操作违规、未按规定的业务范围进行活动、未依法履行信息公开义务等。这些行为直接导致了其公信力的严重受损。此事件不仅影响了"中华儿慈会"自身的形象和声誉，也对中国慈善行业的公信力造成了冲击。公众对慈善机构的信任度降低，可能导致慈善捐赠的减少和慈善事业的受阻。

---

① 网易新闻网. 中华少年儿童慈善救助基金会涉诈骗事件曝光：数千家庭深陷绝境 [EB/OL]. (2023-09-13)[2024-10-02]. https：//m. 163. com/dy/article/IEGPMV93055658CV. html.

2011 年的"郭美美事件"是社会组织公信力欠缺的又一个典型案例。郭美美在微博上炫富并声称自己是"中国红十字会商业总经理",引发社会舆论哗然。[①]尽管事后证明郭美美与中国红十字会并无直接关联,但该事件仍对中国红十字会的公信力造成了严重损害。郭美美的炫富行为和虚假言论直接挑战了公众对慈善机构的信任底线。尽管事件本身与红十字会无直接关联,但公众对红十字会的质疑和不满却因此加剧。"郭美美事件"后,中国红十字会的公信力受到重创,接受捐款数额大幅下降。这一事件也促使慈善机构加强内部管理、提高透明度以重建公众信任。

除此之外,全国牙病防治指导组违规认证事件以及对"壹基金"和"嫣然天使基金"质疑事件等的发生,不难看出,我国社会组织公信力欠缺。一方面,社会组织的合法性不足,据估计,我国未取得合法身份的社会组织数量大约有 200万~270 万家。[②] 另一方面,社会组织的诚信度较低。深圳市阿斯度社会组织自律服务中心联合中山大学中国公益慈善研究院发布的《中国民间公益组织透明度发展研究报告(2015)》显示,2015 年中国公益组织透明度平均得分仅为 32.44,距离及格线甚远。

4. 社会组织管理制度不健全。

社会组织管理制度不健全,主要表现在以下几个方面:一是社会组织方面的法规政策不完善。当前,我国在社会组织管理方面的法律法规尚不全面,特别是针对新社会事务和新社会问题的管理机制还不够完善。例如,关于社会组织的管理机制、社会应急体制、社区管理体制等方面的法规建设相对滞后。二是社会组织内部治理失效。一些社会组织内部治理结构不健全,导致内部管理混乱。如未按《章程》规定履行内部管理程序,内部监督机制失效,实际由少数人或个别人主导工作,财经制度执行不严格,理事会、监事会未按规定履职等问题。三是社会组织信息不透明。部分社会组织在信息公开方面做得不够,导致公众难以了解其运作情况,进而降低公信力。信息不透明还可能引发质疑和误解,加剧信任危

---

① 凤凰网. 郭美美事件引发红十字会危机[EB/OL]. (2024-08-11)[2024-10-02]. https://news.ifeng.com/society/special/guomeimei/.

② 俞可平. 中国公民社会:概念、分类与制度环境[J]. 中国社会科学,2006(1):120-130.

机。四是政府对社会组织的监管不到位。由于法规政策不完善和监管机制不健全，一些社会组织存在违规行为却未能及时受到查处。这不仅损害了社会组织的形象，也影响了整个行业的健康发展。

2023 年 1 月，民政部公布了近年来民政领域风险化解的十大典型案例，例如，2018 年 1 月至 2019 年 12 月，广东省某联合会未经批准擅自开展"广东企业500 强""广东省诚信示范企业"等评比表彰活动，利用签订协议等方式变相违规收费 2900 多万元；再如，潍坊市某工程质量安全协会存在利用政府部门行政权力垄断培训发证并收取费用、违规开展评比达标表彰活动并变相收取费用等违法事实；又如，江西省景德镇市某促进会成立后，因其法定代表人、会长因违法行为而被判刑，陷入工作停摆、失序失管困境，多年未参加年检且部分人员打着促进会旗号招摇撞骗。① 这些典型案例，是中国社会组织管理不健全的典型代表和集中反映，亟待进一步深化改革，促进社会组织管理体系和监督机制更加健全。

5. 社会组织面临道德行为困境。

一是，社会压力情境中社会组织道德行为的自主性困境。在任何国家，私人捐款都不会是社会组织的主导性财务来源。社会组织依靠政府赞助或商业收益或外国援助来保证收入稳定，同样面临自主性威胁。除财务依赖外，我国政治、经济结构所造成的社会压力是使社会组织陷入自主性困境的因素之一。政府通过制定政策法规、登记许可制度以及人事任免等方式来管理社会组织，可能造成社会组织自主性的缺失。二是，多元文化背景下社会组织道德行为的价值取向困境。在市场经济体制改革中，功利主义代替道德论成为市场经济发展的基本原则，社会组织的价值取向面临冲击，为逐利行为和其他不道德行为提供了内在动力机制。三是，社会组织道德行为的"志愿失灵"困境。萨拉蒙认为能力欠缺、捐款不足、捐助对象的特定性、家长式作风以及业余性是社会组织"志愿失灵"的表现。

(二)社会组织外部限制因素

1. 双重管理体制弊端。

社会组织的双重管理体制，主要是指业务主管部门和登记管理机关共同对社

---

① 中华人民共和国民政部. 民政部公布 10 个社会组织领域风险防范化解典型案例［EB/OL］.（2023-01-30）［2024-10-08］. https：//www. chinanews. com/gn/2023/01-30/9943622. shtml.

会组织进行管理的体制，其本意是实行双重管理和双重负责的"双保险"机制。然而，在实际运作中，这一体制却暴露出诸多弊端。具体表现在以下三个方面：

一是合法登记门槛高。社会组织想要合法注册登记，不仅需要通过登记管理机关的审批许可，还必须得到业务主管单位的审批同意。这种双重审批制度给社会组织的合法登记设立了障碍，导致许多社会组织难以获得合法身份，成为"无主单位"。

二是业务主管单位定位不清。现有的法律法规对业务主管单位的职能范围有所规定，但对其义务却并未明确设定。这导致一些政府授权单位和政府职能部门并不愿意成为社会组织的业务主管单位。同时，由于公共需求向多元化发展，社会组织的部分业务范围难以找到匹配的政府部门作为业务主管单位。

三是监管责任推诿且内容重复。双重管理体制下，登记管理机关和业务主管单位在监管过程中容易出现责任推诿的情况。同时，两者在申请登记的审查、年度检查、违反有关条例规定的查处等方面也会进行重复工作，造成资源浪费。

四是行政化症状明显。双重管理体制容易导致社会组织行政化，业务主管部门可能过度干预社会组织的内部事务，使其沦为下属分支机构，从而削弱了社会组织的自主性和独立性。统计资料显示，上海市徐汇区 132 家社会团体具有"政府背景"，在人员、资金、活动上均依赖于政府。[①]

社会组织的双重管理体制，在实践中导致以下突出问题：一是登记难、注册难。双重审批制度的存在，许多社会组织在申请登记和注册时面临重重困难，导致大量社会组织处于非法状态或无法正常开展活动。二是监督管理困难大。双重管理体制下，监管责任分散且不明确，容易出现监管空白和漏洞。同时，业务主管单位可能存在的消极态度或过度干预，导致社会组织的监管效果大打折扣。三是社会组织发展受限。高门槛的合法登记和模糊的监管责任使得社会组织在发展过程中受到诸多限制，难以充分发挥其在社会治理中的积极作用。四是社会资源浪费严重。重复的工作和推诿的责任导致大量行政资源被浪费在无效的监管和审批上，降低了政府的管理效率。

①　唐杰. 社会组织与政府关系的研究[D]. 上海：上海交通大学，2013.

2. 缺乏完善的法律法规体系。

一是，我国尚未形成比较完善的社会组织法律体系，关于社会组织的法律规章较少，对社会组织的管理与监督、对社会组织从业人员的保障等问题均欠缺相应的法律解释；二是，立法层次低，未形成一部关于社会组织的法律文件。已颁布的《社会团体登记管理条例》《取缔非法民间组织暂行办法》《民办非企业单位登记管理暂行条例》《基金会管理办法》等大都是部门规章，法律位阶较低、权威性缺乏。

3. 外部激励机制不健全。

一是缺乏竞争激励机制。一方面，我国许多行业协会组织大都由政府部门衍生而来，对政府依赖性强，缺乏竞争活力。另一方面，我国《社会团体登记管理条例》指出，"在同一行政区域内已有业务范围相同或相似的社会团体，没有必要成立的""登记管理机关不予登记"，明确了"限制竞争原则"，一个行业一个协会的现象普遍存在。二是绩效评估不完善。社会组织的绩效评估关系到组织绩效、公信力的提升以及社会组织公共责任的履行状况。我国社会组织在绩效评估方面存在评估观念落后、评估主体单一、评估信息获取难、评估体系不完善等难题。三是税收激励不足。我国税收激励慈善捐赠的适用范围窄，减免力度小。根据《中华人民共和国公益事业捐赠法》《中华人民共和国企业所得税法》，企业公益、救济性捐赠所得税扣除限额不应超过应纳税所得额的12%，且享受税收激励的有两个限定：捐赠必须是公益、救助性质，捐赠方式为间接捐赠。目前，我国具有税收减免资格的慈善组织仅为60多家。①

三、民政服务供需结构失衡

民政服务供需结构失衡，实质上反映了民政服务供给的盲目性。近年来，各级政府在加大基本公共服务投入、完善基本公共服务体系、促进基本公共服务均等化等方面取得明显成效。但是，民政服务供给仍然难以满足广大民政对象数量日益增加、质量逐渐提高、内容日益多元化和个性化的民政服务需求。这一问题，体现在民政服务的诸多方面。其中，养老机构服务供需失衡的问题是民政服务供需失衡问题的典型代表。具体表现在以下几个方面：

---

① 贡婷春. 慈善捐赠的税收激励研究[D]. 济南：山东财经大学，2012.

（一）供给与需求在数量上不对称

民政服务供给与需求在数量上不对称，主要表现在以下三个方面：

一是民政服务设施数量不足。一方面，一些地区的部分民政服务设施存在空白。部分地区的民政服务设施，如殡葬火化设施、儿童福利机构等存在空白，无法满足当地民众的基本需求。这种情况在经济发展相对滞后的地区尤为突出。另一方面，已有的民政服务设施使用效率低下。即使在一些设施相对完善的地区，也可能存在使用效率不高的问题，导致资源浪费，无法有效满足更多人的需求。

二是特定服务领域供需失衡问题突出。特定服务领域供需失衡，主要集中在"一老一小"方面的服务，从"一老服务"看，随着老龄化社会的到来，养老服务需求急剧增加。然而，养老服务的供给却相对滞后，表现为养老床位紧张、服务质量参差不齐等。此外，养老服务政策碎片化、多头管理等问题也加剧了供需矛盾。从"一小服务"看，婴幼儿托育服务同样面临供需失衡的问题。超过三成的婴幼儿家庭存在强烈的入托需求，但托育机构以社会力量投资为主，九成是营利性机构，导致服务收费高昂，超出许多家庭的可负担能力范围。同时，方便可及、价格可接受、质量有保障的托育服务供给不足。

三是民政对象需求的多元化与供给单一化并存。一方面，民政服务需求增长与多元化发展趋势明显。随着经济发展和社会转型加快，民政工作对象的需求不断增长，并呈现出多元化趋势。这要求民政服务在数量上增加的同时，还要在质量上有所提升，以满足不同群体的多样化需求。另一方面，民政服务供给单一化问题突出。目前民政服务的供给往往比较单一，难以满足民众多样化的需求。例如，在养老服务领域，除了基本的生活照料外，许多老年人还需要精神慰藉、医疗保健等多元化服务。

《2022年民政事业发展统计公报》显示，截至2022年年底，全国共有各类养老机构和设施38.7万个，养老床位合计829.4万张。其中，注册登记的养老机构4.1万个，床位518.3万张；社区养老服务机构和设施34.7万个，共有床位311.1万张。① 每千名老年人拥有床位数量仅仅为31.1张。如果按照国际社会通

① 中华人民共和国民政部. 2022年民政事业发展统计公报［EB/OL］.（2023-10-13）［2024-10-10］. https://www.mca.gov.cn/n156/n2679/c1662004999979995221/attr/306352.pdf.

用的 5% 老人在机构养老比例来计算，我国将需要 1335 万张养老机构床位。如果计算比例参照西方发达国家，即机构养老的比例约占 5%~15%，甚至，在北欧地区机构养老的比例大约为 5%~12%，英国大约为 10%，美国大约为 20%，① 那么，我国养老机构床位数总量不足的问题将更加突出。

与养老机构"一床难求"同时存在的问题是，养老机构床位使用效率偏低，床位空置问题严重。截至 2014 年年底，全国各类提供住宿的养老服务机构 3.4 万个、养老床位 551.4 万张，入住老人却只有 288.7 万人，床位空置率高达 48%，在个别地区如安徽省，有些地方农村敬老院床位空置率高达 70% 以上。② 相关统计数据显示，截至 2020 年 7 月底，我国已建养老机构床位 429.1 万张，收住老年人却只有 214.6 万人，养老床位空置率高达 50%。③ 公共服务的供给必须与需求相适应。

(二)供给与需求在质量上不对称

随着社会经济发展以及居民收入水平的提高，在基本公共服务需求得到满足之后，一些新的更高层次、更高质量的公共服务需求不断增长。在满足居民个性化、高质量民政服务需求方面，政府具有天然的劣势，因为政府的基本职责是提供基本公共服务。而提供高端的民政服务，是社会力量较为擅长的方面。但是，由于我国社会力量，如社会组织、社会资本，以及当前我国无论是在土地政策，还是在财政补贴、税收优惠政策等方面，对社会组织和社会资本的支持还没有真正得到落实，社会组织和社会资本对提供民政服务动力不足、意愿不强、等待观望心态明显，严重制约了广大人民对高质量民政服务需求的满足。

民政服务供给与需求在质量上的不对称是一个复杂的社会问题，主要表现在以下几个方面：

---

① 搜狐网. 机构养老服务质量管控经验——发达国家案例[EB/OL]. (2018-07-17)
[2024-10-10]. https://www.sohu.com/a/241705178_750114.
② 吕雪枫，于长永，游欣倍. 农村老年人的机构养老意愿及其影响因素分析——基于全国 12 个省份 36 个县 1218 位农村老年人的调查数据[J]. 中国农村观察，2018(4)：102-116.
③ 网易. 中国养老院行业市场现状 养老床位空置率高达 50%[EB/OL]. (2021-10-07)
[2024-10-10]. https://www.163.com/dy/article/GLN0P54F0514HA3H.html.

一是民政服务供给与需求的不匹配问题。这主要集中在"一老一小"两个方面：从托育服务看，全国托育服务需求强烈。随着婴幼儿家庭数量的增加，入托需求日益强烈。有超过三成的婴幼儿家庭存在强烈的入托需求，但目前托育机构以社会力量投资为主，九成是营利性机构，且服务收费普遍超出家庭可负担能力范围。但是，全国的托育服务供给明显不足。方便可及、价格可接受、质量有保障的托育服务供给不足，导致"托育一位难求"的现象普遍存在。同时，托育服务人才短缺问题较为突出。托育人才增量供给严重不足，从事保育工作的人员大多缺少严格规范的服务理念和职业技能培训，难以满足群众对托育服务品质提高的需求。从养老服务来看，随着我国人口老龄化问题的快速发展，失能失智老年人逐渐增多，养老服务、护理服务需求快速增加，但养老床位等资源的供给却相对有限。同时，养老服务的供需矛盾突出，表现为养老床位难求、服务质量参差不齐等问题。

二是民政服务质量的不对称。这主要表现在以下几个方面：一是民政服务质量标准不统一。不同地区的民政服务在质量上存在差异，部分地区的民政服务设施陈旧、服务流程不规范、服务质量难以保证。二是民政服务内容与需求脱节。部分民政服务在内容设计上未能充分考虑群众的实际需求，导致服务内容与群众需求脱节，影响了服务效果。三是民政服务监管不到位。部分民政服务在监管上存在漏洞，导致服务质量难以得到有效保障。监管机制的缺失或不完善使得一些低质量的服务得以存在并影响群众满意度。

综上所述，民政服务供给与需求在质量上的不对称主要表现为服务供给与需求不匹配、服务质量标准不一、服务内容与需求脱节以及服务监管不到位等问题。解决这些问题需要政府、社会和市场三方面共同努力，通过加大投入、完善政策、引入社会力量、加强人才培养和信息化转型等措施来推动民政服务的高质量发展。

第五章　民政工作社会化的参与
意愿现状及其结构

民政工作社会化的核心任务是鼓励社会力量参与，更准确地说是鼓励一切社会力量的广泛参与，而参与意愿是社会力量参与行为发生的前提和基础，因此研究民政工作社会化的参与意愿，就显得非常重要。但是，由于社会工作是一个庞大的系统工程，包含的内容纷繁复杂，社会力量也包括社会组织、商业组织、社区、家庭和个人等多个主体，他们的参与意愿又会有差异。这决定了参与意愿的研究，只能以某一个主体参与某一项民政工作为例进行典型分析。

当前，中国民政工作面临的突出而又紧迫的问题是人口老龄化快速发展所带来的养老服务体系建设问题。养老服务体系建设，需要资本与人才多方面的储备，鼓励社会资本参与养老服务，能够很好地解决养老服务体系建设资金不足的问题，而鼓励社会主体参与却能够有效弥补养老服务人才短缺的问题。资本储备对于养老服务体系建设非常重要，但是，中国并不缺少社会资本，而是尚未找到鼓励社会资本积极参与养老服务体系建设的盈利模式与有效参与机制。中国的老龄化是底层推动的老龄化，随着少子老龄化日益成为中国人口发展的新常态，养老服务人才短缺甚至奇缺问题，已经成为中国养老服务体系建设中的突出问题。

在众多可能参与的社会主体中，当代大学生是一个重要的群体。大学生参与社区养老服务有三大优势：一是这个群体规模日益扩大，2016年全国大学毕业生已经达到756万人，在校生3000万人左右；二是这个群体有知识、年轻活泼、充满朝气，能够为暮气沉沉的老年生活带去知识、阳光和希望，也为满足老年人"含饴弄孙"的精神需求，提供了一种可能；三是大学生参与社区养老服务，既是大学生接触社会、了解社会、奉献爱心的窗口，也是将理论与实践相结合、用实践检验理论、促进理论学习的重要途径；四是大学生志愿组织，已经成为国外养老服务市场发展的重要社会力量。

不可否认的是，养老服务并不是一个没有门槛的社会事业，养老服务具有一定的专业性。因此，即便是大学生愿意参与社区养老服务，那么，大学生是否具备参与养老服务的能力呢？如果从狭义的养老角度来看，这确实是一个值得思考的问题。但是，如果从广义的养老角度来说，这其实并不是一个问题。因为，养老是一个系统工程，并不仅仅是为失能、半失能的老年人提供生活护理服务，还包括为占绝大多数身体健康的老年人提供精神慰藉和心理关怀等服务，在这方面大学生恰恰具有优势。这也许是《国务院关于加快发展养老服务业的若干意见》倡导"大中小学生参与养老服务志愿活动"的重要原因之一。①

通过上面的分析，我们不难得出结论，即大学生是可以参与养老服务的。那么，大学生是否愿意参加社区养老服务呢？愿意参与哪些方面的社区养老服务呢？愿意以什么方式参与社区养老服务呢？来自全国20所高校的1401位大学生参与社区养老服务的调查数据，从一定程度上说明了上述问题。

第一节　大学生的参与行为与参与意愿

民政工作社会化的参与意愿，包括有多少人愿意参与以及有哪些人愿意参与两个方面的问题。同时，由于社会力量参与民政工作是一种完全自愿行为，因此，客观参与行为是主观参与意愿的具体反映，但不是全部，因为有些主观参与意愿，由于种种原因没有得到实现。因此，客观参与行为与主观参与意愿的差异，反映了社会力量参与民政工作有待开发的潜力，成为民政工作社会化的重要人才资源。

一、大学生的参与行为与参与意愿的现状

在国外，如美国，大学生参与社区志愿服务成为毕业的一门"必修课"，必须提供规定小时的志愿服务才能顺利毕业并拿到学位。在中国虽然没有相应的强

---

① 中国政府官网. 国务院关于加快发展养老服务业的若干意见(国发〔2013〕35号)[EB/OL]. (2013-09-13)[2024-10-13]. https：//www.gov.cn/zwgk/2013/09/13/content_2487704.htm.

制规定，但是，绝大部分高校的大学生，也都在大学生社团的组织下，到偏远山区的小学进行义务教学或到本地社区养老机构、社会福利机构等提供基本的养老服务。全国 20 所不同层次高校的 1401 份调查数据分析表明（见表 5-1），有接近28% 的大学生已经参与过社区志愿养老服务。

表 5-1　　　　　　　　　　你是否参与过社区养老服务

	频率(个)	百分比(%)	有效百分比(%)
没有参加	987	70.40	71.6
参加过	391	27.90	28.4
合计	1378	98.40	100.0

这一调查结果与中国青少年研究中心 1999 年对全国八个市青年志愿者调查结果较为接近，即在校大学生、国有企业职工、教科文卫系统职工和机关干部，参加志愿服务一次的比例分别为 38.3%、31.9%、26.2%、30.2%。也与 2019 年中国社会科学院社会学研究所发布的中国志愿服务参与状况调查结果较为接近，即在 18~69 岁的调查对象中，有 38.2% 的人曾经有过一次及以上的志愿服务经历。[1] 但是，这也不难看出，从 1999 年到 2019 年将近 20 年的时间里，中国大学生志愿服务的参与水平不仅没有得到明显的提升，还呈现出一定程度的下降趋势。

那么，是中国大学生不愿意参与社区志愿养老服务吗？还是中国的当代大学生愿意参与志愿服务，只是这种志愿参与服务的意愿没有得到很好的组织和体现？表 5-2 的调查分析结果，充分说明了这一问题。表 5-2 的统计结果表明，在被问及"你是否愿意参与社区志愿养老服务"的大学生中，有 94.1% 的大学生回答愿意参与社区志愿养老服务，而回答不愿意参与社区志愿养老服务的比例只有5.9%。这也就是说，有 65.7% 的大学生愿意参加而因为种种原因没有参加社区

---

①　中国社会科学院社会学所"中国志愿服务参与状况调查"课题组. 中国志愿服务参与状况调查成果发布　活跃志愿者人均年参与志愿服务次数达 10.77 次［EB/OL］.（2019-01-08）［2024-10-13］. http：//www.gongyishibao.com/html/yaowen/15854.html.

志愿养老服务。统计数据显示，截至 2023 年年底，中国各种形式的高等教育在校生规模高达 4763.19 万人。[①] 按照现在大学生在校规模计算，也就是说，有超过 3000 万大学生志愿服务力量没有被挖掘，没有发挥应有的社会效应。

表 5-2　　　　　　　　　你是否愿意参与社区养老服务

	频率(个)	百分比(%)	有效百分比(%)
不愿意参与	82	5.90	5.9
愿意参与	1318	94.10	94.1
合计	1400	99.90	100.0

同时，大学生参与社区志愿养老服务并不仅仅是一次简单的献爱心活动。它是大学生社会化的一种重要途径，是大学生了解社会现象、认识社会问题、奉献爱心、服务社会甚至是塑造心灵的一种方式。大学生参与社区志愿养老服务，一方面让他们的爱心得到彰显，精神得到满足，内心得到充盈，生命因之得到一定的升华；另一方面，他们带着知识、带着国事新闻、带着娱乐游戏等青春气息，为老年人暮气沉沉的生活送去清新的气息，让孤独的心灵、寂寞的精神、无聊的生活得到慰藉。同时，大学生通过社区志愿养老服务，也实现了知识与实践、理论与实践的对接，是一种一举多得的事情。而恰恰因为我们的重视不够、组织不力，让数以千万的大学生志愿服务资源成为沉默的力量。

二、大学生的参与行为与参与意愿的个体差异

不同大学生之间的个体差异是非常明显的，但作为一个群体，他们的差异主要表现在性别、学历、学科以及成长环境等方面。这些差异，可能会在一定程度上影响大学生参与社区养老服务的意愿与行为。

首先，大学生对社区养老服务参与行为与参与意愿的性别差异。从表 5-3 的

---

① 中华人民共和国教育部. 2023 年我国高等教育在学总规模 4763.19 万人[EB/OL].（2024-03-01）[2024-10-13]. https：//www.gov.cn/zhengce/jiedu/tujie/202403/content_6935512.htm.

统计结果看，总体上有 28.2% 的大学生参与过社区养老服务。其中，女性大学生曾经参与社区养老服务的比例为 29.2%，没有参与过社区养老服务的比例为 70.8%；男性曾经参与社区养老服务的比例为 26.3%，没有参与过社区养老服务的比例为 73.7%。女性大学生比男性大学生实际参与社区养老服务的比例多了近 3%。但是从卡方检验的结果来看，这一统计结果并没有通过显著性检验。这也即是说大学生参与社区养老服务的性别差异不具有普遍性。那么，这种结果，到底是大学生主观意愿的一致性造成的，还是大学生社团组织者造成的呢？下文的分析表明，这种差异是组织者造成的，并不是大学生的主观意愿造成的。

表 5-3 　　　　　　　　　**大学生参与社区志愿养老服务行为的性别差异**

			是否参与过社区志愿养老服务		合计
			没有参与	曾经参与	
性别	女性	观察频数（个）	632	261	893
		行百分比（%）	70.8	29.2	100.0
		列百分比（%）	64.4	67.6	65.3
		总百分比（%）	46.2	19.1	65.3
	男性	观察频数（个）	350	125	475
		行百分比（%）	73.7	26.3	100.0
		列百分比（%）	35.6	32.4	34.7
		总百分比（%）	25.6	9.1	34.7
合计		观察频数（个）	982	386	1368
		行百分比（%）	71.8	28.2	100.0
		列百分比（%）	100.0	100.0	100.0
		总百分比（%）	71.8	28.2	100.0

注：Pearson Chi-Square = 0.962　Asymp. Sig. = 0.618.

表 5-4 的统计结果表明，总体上有 94.7% 的大学生愿意参与社区养老服务。其中，女性大学生中愿意参与社区养老服务的比例为 96.8%，不愿意参与社区养老服务的比例为 3.2%；男性大学生愿意参与社区养老服务的比例为 90.9%，不

愿意参与社区养老服务的比例为9.1%。即无论是女性大学生，还是男性大学生，他们参与社区养老服务的热情都非常高。从参与意愿的性别差异来看，女性大学生比男性大学生的参与热情略高。而且，从卡方检验的结果来看，这一统计结果通过了显著性检验。这说明大学生参与社区养老服务的意愿是有性别差异的，而且这种差异并不是样本中才有的现象，而是具有普遍性的现象，即女性大学生比男性大学生有较高的社区养老服务参与意愿。

表5-4　　　　　　　　大学生参与社区志愿养老服务意愿的性别差异

			是否愿意参与社区志愿养老服务		合计
			不愿意参与	愿意参与	
性别	女性	观察频数(个)	29	872	901
		行百分比(%)	3.2	96.8	100.0
		列百分比(%)	39.7	66.6	65.1
		总百分比(%)	2.1	63.1	65.1
	男性	观察频数(个)	44	438	482
		行百分比(%)	9.1	90.9	100.0
		列百分比(%)	60.3	33.4	34.9
		总百分比(%)	3.2	31.7	34.9
合计		观察频数(个)	73	1310	1383
		行百分比(%)	5.3	94.7	100.0
		列百分比(%)	100.0	100.0	100.0
		总百分比(%)	5.3	94.7	100.0

注：Pearson Chi-Square = 21.937　Asymp. Sig. = 0.000。

其次，大学生对社区养老服务参与行为与参与意愿的学历差异。不同学历的大学生，既代表着不同的学习能力，也反映他们不同的素质。相对而言，学历越高，意味着素质越高，至少意味着教育素质越高，这也就越可能意味着他们具有较高的奉献精神，进而造成他们参与社区养老服务的行为与意愿也就可能存在差异。表5-5的统计结果表明，专科生曾经参与过社区养老服务的比例为18.8%，而没有参与过社区养老服务的比例为81.2%；本科生曾经参与过社区养老服务的比例为29.0%，没有参与过养老服务的比例为71.0%；研究生曾经参与过社区养老服务的比例为31.1%，没有参与过社区养老服务的比例为68.9%。这也即是说，大学生的学历程度越高，他们参与社区志愿服务的比例越高。而且，卡方检验结果表明，这种差异是客观存在的。但是，下文的分析结果表明，这种差异也主要是组织者造成的（即组织不力），而不是大学生的学历高低造成的。

表5-5　　　　　　　　大学生参与社区志愿养老服务行为的学历差异

| | | | 是否参与过社区志愿养老服务 | | 合计 |
			没有参与	曾经参与	
学历	专科生	观察频数(个)	104	24	128
		行百分比(%)	81.3	18.8	100.0
		列百分比(%)	10.5	6.2	9.3
		总百分比(%)	7.6	1.7	9.3
	本科生	观察频数(个)	749	306	1055
		行百分比(%)	71.0	29.0	100.0
		列百分比(%)	76.0	78.5	76.7
		总百分比(%)	54.4	22.2	76.7
	研究生	观察频数(个)	133	60	193
		行百分比(%)	68.9	31.1	100.0
		列百分比(%)	13.5	15.4	14.0
		总百分比(%)	9.7	4.4	14.0
合计		观察频数(个)	985	390	1376
		行百分比(%)	71.7	28.3	100.0
		列百分比(%)	100.0	100.0	100.0
		总百分比(%)	71.7	28.3	100.0

注：Pearson Chi-Square = 6.743　　Asymp. Sig. = 0.034.

表5-6中的统计结果表明，有93.8%的大学专科生愿意参与社区养老服务，

不愿意参与社区养老服务的比例为 6.2%；有 95.0% 的大学本科生愿意参与社区养老服务，不愿意参与社区养老服务的比例为 5.0%；有 93.3% 的研究生愿意参与社区养老服务，不愿意参与社区养老服务的比例为 6.7%。这说明，大学生参与社区志愿服务的意愿，并没有随着学历的提升而呈现出增加的趋势。而且，卡方检验结果也表明，这种差异并没有通过显著性检验，即这种差异只存在于样本中，在总体中并不存在。这也即是说，不同学历的大学生中，绝大部分学生是愿意参与社区养老服务的，愿意为社区养老服务的发展贡献自己的力量。

表 5-6　　　　　　　　大学生参与社区志愿养老服务意愿的学历差异

			是否愿意参与社区志愿养老服务		合计
			不愿意参与	愿意参与	
学历	专科生	观察频数(个)	8	120	128
		行百分比(%)	6.3	93.8	100.0
		列百分比(%)	10.7	9.1	9.2
		总百分比(%)	0.6	8.6	9.2
	本科生	观察频数(个)	54	1016	1070
		行百分比(%)	5.0	95.0	100.0
		列百分比(%)	72.0	77.2	76.9
		总百分比(%)	3.9	73.0	76.9
	研究生	观察频数(个)	13	180	193
		行百分比(%)	6.7	93.3	100.0
		列百分比(%)	17.3	13.7	13.9
		总百分比(%)	0.9	12.9	13.9
合计		观察频数(个)	75	1316	1391
		行百分比(%)	5.4	94.6	100.0
		列百分比(%)	100.0	100.0	100.0
		总百分比(%)	5.4	94.6	100.0

注：Pearson Chi-Square = 1.118　Asymp. Sig. = 0.572.

再次，大学生对社区养老服务参与行为与参与意愿的学科差异。不同学科的大学生，由于上课的内容不同，上课的任务也不同，上课的时间也不同，学习压力也不同。同时，也可能存在这样一种可能，即选择文科、理科和工科的学生，也可能兴趣与爱好不同，甚至性格的不同。上述这些差异，都有可能在一定程度上影响他们参与社区养老服务的意愿与行为。表 5-7 的统计结果表明，不同学科的大学生参与社区养老服务的比例有显著的差异，理科大学生参与社区养老服务的比例为 37.3%，没有参与社区养老服务的比例为 62.7%；工科大学生参与社区养老服务的比例为 32.5%，没有参与社区养老服务的比例为 67.5%；文科大学生参与社区养老服务的比例为 26.0%，没有参与社区养老服务的比例为 74%。但是，从下文大学生参与社区养老服务意愿的差异来看，这种差异也不是大学生主观参与意愿不足造成的，而是组织者的组织不力等原因造成的。

表 5-7　　　　　　　　　大学生参与社区志愿养老服务行为的学科差异

| | | | 是否参与过社区志愿养老服务 | | 合计 |
			没有参与	曾经参与	
学历	理科生	观察频数(个)	126	75	201
		行百分比(%)	62.7	37.3	100.0
		列百分比(%)	12.9	19.4	14.8
		总百分比(%)	9.3	5.5	14.8
	工科生	观察频数(个)	104	50	154
		行百分比(%)	67.5	32.5	100.0
		列百分比(%)	10.7	13.0	11.3
		总百分比(%)	7.6	3.7	11.3
	文科生	观察频数(个)	744	261	1005
		行百分比(%)	74.0	26.0	100.0
		列百分比(%)	76.4	67.6	73.9
		总百分比(%)	54.7	19.2	73.9
合计		观察频数(个)	974	386	1360
		行百分比(%)	71.6	28.4	100.0
		列百分比(%)	100.0	100.0	100.0
		总百分比(%)	71.6	28.4	100.0

注：Pearson Chi-Square = 12.029　　Asymp. Sig. = 0.002.

表 5-8 的统计结果表明，理科大学生中有 97.0% 的大学生愿意参与社区养老服务，不愿意参与社区志愿养老服务的比例为 3.0%；工科大学生中有 93.8% 的大学生愿意参与社区养老服务，不愿意参与社区养老服务的比例为 6.2%；文科大学生中有 94.4% 的大学生愿意参与社区养老服务，不愿意参与社区养老服务的比例为 5.6%。这说明，不同学科的大学生对参与社区志愿养老服务的比例存在一定的差异，理科大学生的主观参与意愿更高，工科大学生的主观参与意愿最低，文科大学生的主观参与意愿居中。但是，从卡方检验的结果来看，这种微弱的差异并没有通过显著性检验，也就是说不同学科的大学生在参与社区养老服务的意愿上，并没有表现出明显的差异，即不同学科的大学生对参与社区志愿养老服务都有很高的热情。

表 5-8　　　　　　　大学生参与社区志愿养老服务意愿的学科差异

			是否愿意参与社区志愿养老服务		合计
			不愿意参与	愿意参与	
学历	理科生	观察频数（个）	6	196	202
		行百分比（%）	3.0	97.0	100.0
		列百分比（%）	8.2	15.1	14.7
		总百分比（%）	0.4	14.3	14.7
	工科生	观察频数（个）	10	151	161
		行百分比（%）	6.2	93.8	100.0
		列百分比（%）	13.7	11.6	11.7
		总百分比（%）	0.7	11.0	11.7
	文科生	观察频数（个）	57	954	1011
		行百分比（%）	5.6	94.4	100.0
		列百分比（%）	78.1	73.3	73.6
		总百分比（%）	4.1	69.4	73.6
合计		观察频数（个）	73	1301	1374
		行百分比（%）	5.3	94.7	100.0
		列百分比（%）	100.0	100.0	100.0
		总百分比（%）	5.3	94.7	100.0

注：Pearson Chi-Square = 2.674　Asymp. Sig. = 0.263.

最后，大学生参与社区志愿养老服务行为与意愿的地区差异，主要由他们成长环境的差异所导致，而成长环境的差异主要体现在其生活环境是省会城市、地级城市、县级城市、乡镇还是农村的差异。不同的城市生活环境，会导致大学生的视野、经济基础、人际交往能力甚至性格倾向等多方面的差异。这些差异，可能会影响大学生的社区养老服务参与意愿与参与行为。表 5-9 的统计结果表明，来自省会城市的大学生志愿参与社区养老服务的比例为 24.8%，没有志愿参与社区养老服务的比例为 75.2%；来自地级城市的大学生志愿参与社区养老服务的比例为 29.0%，没有参与社区养老服务的比例为 71.0%；来自县级城市的大学生参加社区养老服务的比例为 31.0%，没有参与社区养老服务的比例为 69.0%；来自乡镇的大学生参加社区养老服务的比例为 30.9%，没有参加社区养老服务的比例为 69.1%。这也就是说，越是成长在大城市的大学生，他们志愿参与社区养老服务的比例相对较低。但是，卡方检验结果表明，这种差异在总体中并不存在。这也即是说，大学生志愿参与社区养老服务意愿的地区差异，并不是一个普遍现象。

表 5-9　　　　　大学生参与社区志愿养老服务行为的地区差异

| | | | 是否参与过社区志愿养老服务 | | 合计 |
			没有参与	曾经参与	
地区	省会城市	观察频数（个）	91	30	121
		行百分比（%）	75.2	24.8	100.0
		列百分比（%）	9.3	7.7	8.8
		总百分比（%）	6.6	2.2	8.8
	地级市	观察频数（个）	201	82	283
		行百分比（%）	71.0	29.0	100.0
		列百分比（%）	20.5	21.0	20.7
		总百分比（%）	14.7	6.0	20.7
	县级市	观察频数（个）	205	92	297
		行百分比（%）	69.0	31.0	100.0
		列百分比（%）	20.9	23.6	21.7
		总百分比（%）	15.0	6.7	21.7

续表

| | | | 是否参与过社区志愿养老服务 | | 合计 |
			没有参与	曾经参与	
地区	乡镇	观察频数(个)	114	51	165
		行百分比(%)	69.1	30.9	100.0
		列百分比(%)	11.6	13.1	12.0
		总百分比(%)	8.3	3.7	12.0
	农村	观察频数(个)	369	135	504
		行百分比(%)	73.2	26.8	100.0
		列百分比(%)	37.7	34.6	36.8
		总百分比(%)	26.9	9.9	36.8
合计		观察频数(个)	980	390	1370
		行百分比(%)	71.5	28.5	100.0
		列百分比(%)	100.0	100.0	100.0
		总百分比(%)	71.5	28.5	100.0

注：Pearson Chi-Square＝2.939　Asymp. Sig.＝0.568.

表 5-10 的统计结果表明，来自省会城市的大学生，愿意参与社区养老服务的比例为 92.6%，不愿意参与社区养老服务的比例为 7.4%；来自地级城市的大学生，愿意参与社区养老服务的比例为 95.8%，不愿意参加社区养老服务的比例为 4.2%；来自县级城市的大学生，愿意参与社区养老服务的比例为 94.0%，不愿意参加社区养老服务的比例为 6.0%；来自乡镇的大学生，愿意参与社区养老服务的比例为 93.4%，不愿意参加社区养老服务的比例为 6.6%；来自农村的大学生愿意参加社区养老服务的比例为 95.7%，不愿意参加社区养老服务的比例为 4.3%。这说明，大学生成长的环境对大学生参与社区养老服务的主观意愿，也有一定的影响。相对而言，生活在大城市的大学生参与社区养老服务的主观意愿较低。但是，从卡方检验的结果来看，大学生参与社区养老服务意愿的地区差异并不是一个普遍存在的现象。

表 5-10 **大学生参与社区志愿养老服务意愿的地区差异**

			是否愿意参与社区志愿养老服务		合计
			不愿意参与	愿意参与	
地区	省会城市	观察频数(个)	9	112	121
		行百分比(%)	7.4	92.6	100.0
		列百分比(%)	12.5	8.5	8.7
		总百分比(%)	0.7	8.1	8.7
	地级市	观察频数(个)	12	277	289
		行百分比(%)	4.2	95.8	100.0
		列百分比(%)	16.7	21.1	20.9
		总百分比(%)	0.9	20.0	20.9
	县级市	观察频数(个)	18	281	299
		行百分比(%)	6.0	94.0	100.0
		列百分比(%)	25.0	21.4	21.6
		总百分比(%)	1.3	20.3	21.6
	乡镇	观察频数(个)	11	155	166
		行百分比(%)	6.6	93.4	100.0
		列百分比(%)	15.3	11.8	12.0
		总百分比(%)	0.8	11.2	12.0
	农村	观察频数(个)	22	486	508
		行百分比(%)	4.3	95.7	100.0
		列百分比(%)	30.6	37.1	36.7
		总百分比(%)	1.6	35.1	36.7
合计		观察频数(个)	72	1311	1383
		行百分比(%)	5.2	94.8	100.0
		列百分比(%)	100.0	100.0	100.0
		总百分比(%)	5.2	94.8	100.0

注：Pearson Chi-Square=3.741 Asymp. Sig.=0.442.

通过上述分析不难得出如下结论，即大学生志愿参与社区养老服务的行为差异，并不是源于大学生自身的主观参与意愿，而可能源于不同高校的组织者，抑或是来自社会的组织者没有很好地调动大学生的志愿服务力量，导致了部分大学生志愿参与社区养老服务的实际行为差异问题，但这种差异不是普遍现象。不同性别、不同学历、不同学科以及不同地区的大学生对志愿参与社区养老服务都有很高的热情，大学生是人口老龄化背景下社会养老服务体系建设中的一支重要的有待开发的优质资源。特别是，中国不仅是世界上老年人口最多的国家，也是大学生人数最多的国家，截至2023年各类大学的在校生规模高达4700多万人，而且其中的绝大部分大学生都有强烈的参与社区养老服务的意愿，充分调动高校在校大学生的参与社区养老服务的热情和积极性，不仅是中国志愿服务工作的当务之急，也是有序推动积极应对人口老龄化国家战略的实践抓手。

第二节　大学生的参与能力与参与倾向

一、大学生参与能力的自我评估

由于社区养老服务有一定的门槛和专业性，大学生要参与社区养老服务仅仅有一腔热血是不够的，还需要有一定的服务能力和专业技巧。因此，大学生参与社区养老服务的能力问题，是一个非常重要的问题，它影响着我们的政策决策和政策导向。在中国，大学生参与社区养老服务是一种自发的志愿行为，并没有其他力量强制的成分，因此，大学生对参与社区养老服务能力的自我评估，在一定程度上反映了大学生志愿参与社区养老服务的可能性。从表5-11的统计结果来看，大学生自己认为，他们在帮助老年人打扫卫生、整理衣被、吃饭穿衣、协助体检等方面明显可以胜任，而在疾病处理、法律援助、康复训练等方面表现出明显的能力不足。从总体来看，大学生对志愿参与社区养老服务能力的自我评估，还是相对比较客观的。

表 5-11 　　　　　　　　大学生参与社区养老服务能力的自我评估

		频数	百分比（%）	有效百分比（%）
帮助老人打扫卫生、整理衣被等日常事务	不能胜任	167	11.9	11.9
	能够胜任	1234	88.1	88.1
帮助老人吃饭、穿衣等轻度日常照料	不能胜任	467	33.3	33.3
	能够胜任	934	66.7	66.7
帮助老人行走、如厕、洗澡等深度照料	不能胜任	991	70.7	70.7
	能够胜任	410	29.3	29.3
陪老人聊天	不能胜任	201	14.3	14.3
	能够胜任	1200	85.7	85.7
协助老人进行健康检查	不能胜任	836	59.7	59.7
	能够胜任	565	40.3	40.3
对老人进行疾病处理	不能胜任	1239	88.4	88.4
	能够胜任	162	11.6	11.6
对老人进行心理咨询辅导	不能胜任	950	67.8	67.8
	能够胜任	451	32.2	32.2
对老人进行法律援助	不能胜任	1249	89.2	89.2
	能够胜任	152	10.8	10.8
帮助老人进行康复训练	不能胜任	999	71.3	71.3
	能够胜任	402	28.7	28.7

值得注意的是，大学生现有的社区养老服务志愿参与行为，都是一种自发的行为，是没有经过专业培训和指导的社团志愿行为。大学生处于学习力最好的时期，如果有专门的组织介入大学生社区养老服务的实践，在大学生志愿参与社区养老服务之前，对他们进行专门的分类培训和技术指导，并且在政府以及社会资金的资助下，形成一种长效的、可持续的志愿服务参与机制，那么，大学生必将在社会养老服务体系建设中发挥较为重要积极作用。因此，数以千万计的在校大学生，是一种值得关注和开发的社会志愿力量和资源。

二、大学生参与内容的选择倾向

社区养老服务的有效实现，一定是社区养老服务供给与社区养老服务需求均衡匹配的结果。老年人的养老服务需求是多方面的，具有一定的专业性和多样性，大学生能够提供的社区养老服务又有一定的限度。因此，分析大学生愿意提供哪些方面的社区养老服务，是充分发挥大学生参与社区养老服务积极性的前提和基础，也是提高大学生参与社区养老服务效率的重要保障。表 5-12 的调查结果表明，大学生愿意提供的社区养老服务内容主要包括帮助老人打扫卫生、整理衣被、协助老人吃饭穿衣、陪老人聊天等专业性和技术性要求不高的养老服务方面，大学生最不愿意提供的社区养老服务内容包括对老年人进行疾病处理和法律援助等专业性要求较高的方面。这为我们组织大学生有针对性地参与社区养老服务提供了重要方向和政策指引。

表 5-12　　　　　大学生参与社区养老服务内容的选择意愿

		频数	百分比（%）	有效百分比（%）
帮助老人打扫卫生、整理衣被等日常事务	不愿意	292	20.8	20.8
	愿意	1109	79.2	79.2
帮助老人吃饭、穿衣等轻度日常照料	不愿意	586	41.8	41.8
	愿意	815	58.2	58.2
帮助老人行走、如厕、洗澡等深度照料	不愿意	1084	77.4	77.4
	愿意	317	22.6	22.6
陪老人聊天	不愿意	322	23.1	23.1
	愿意	1078	76.9	77
协助老人进行健康检查	不愿意	909	64.9	64.9
	愿意	491	35.1	35.1
对老人进行疾病处理	不愿意	1243	88.7	88.7
	愿意	158	11.3	11.3
对老人进行心理咨询辅导	不愿意	1036	73.9	73.9
	愿意	365	26.1	26.1

续表

		频数	百分比(%)	有效百分比(%)
对老人进行法律援助	不愿意	1264	90.2	90.2
	愿意	137	9.8	9.8
帮助老人进行康复训练	不愿意	1026	73.2	73.2
	愿意	375	26.8	26.8

但是，值得注意的是，大学生虽然不愿意提供一些专业性很强的社区养老服务工作，如法律援助等，但是并不代表他们不能提供。这可能主要是因为，现有的大学生中缺乏相应的法律专业的学生。这是可以通过组织法律专业的大学生参与社区养老服务来解决的，而且法律专业的大学生参与社区养老服务方面的法律援助，本身也是检验大学生专业知识学习好坏的一种方式和手段，更是他们提升自己专业素养和实践能力的大好机会，能够起到一举两得的效果。对于其他一些社区养老服务，尽管大学生还没有表现出明显的志愿参与意愿，但是专业性并不是很高，如协助老年人进行健康体检、帮助老年人行走等，这些是可以通过专门的培训和系统的组织来实现的，特别是可以通过一定的激励措施来鼓励大学生参与这些方面的志愿养老服务。大学生参与社区养老服务的现实意义，不仅对大学生自身成长有益，也对社区养老服务体系的完善、老年人生活质量的提升以及社会和谐稳定具有积极的影响。

从对大学生自身的意义来看，一是培养了当代大学生群体的社会责任感。大学生在参与社区养老服务的过程中，能够通过亲身体验了解到老年人的生活状态和需求，从而增强对弱势群体的关怀和同理心。这种经历有助于他们形成积极向上的社会责任感，将这份责任感延伸到其他领域，为社会的发展和进步作出贡献。二是帮助大学生积累实践经验。养老服务是一个涉及多学科、多领域的综合性服务，大学生在参与过程中可以积累丰富的实践经验，提升自己的专业技能和综合素质。这些经验对于他们未来的职业发展具有重要意义。三是促进大学生的个人成长。通过与老年人的交流和互动，大学生可以学习到许多宝贵的人生经验和智慧，这些经验对于他们的个人成长和价值观的塑造具有重要作用。同时，参与养老服务也是一种自我挑战和锻炼的过程,有助于培养他们的耐心、细心和责任心等优秀品质。

从对社区养老服务体系的意义来看,一是可以补充社区养老服务方面的人力资源。随着人口老龄化的加剧,社区养老服务面临着人力资源短缺的问题。大学生的参与可以有效弥补这一缺口,缓解养老服务人员的压力。二是有助于提升社区养老服务的质量。大学生具有较高的文化素质和专业技能,能够为老年人提供更加专业、贴心的服务。他们的参与有助于提升社区养老服务的整体质量和水平。三是有助于创新社区养老服务模式。大学生具有创新思维和活力,能够针对老年人的实际需求提出新的服务模式和解决方案。这些创新有助于推动社区养老服务的不断发展和完善。

从对老年人的意义来看,一是可以丰富老年人的精神生活。大学生可以为老年人带来新鲜的思想和观念,以及丰富多彩的文娱活动,从而丰富他们的精神生活,缓解孤独和寂寞感。二是有助于提高老年人生活的便利程度。许多老年人在日常生活中面临着各种困难和不便,如使用智能手机、网上购物等。大学生的参与可以为他们提供必要的帮助和支持,提高他们的生活质量。三是可以增强老年人的生活幸福感和获得感。通过与大学生的交流和互动,老年人可以感受到社会的关爱和温暖,从而增强他们的幸福感和归属感。

从对社会和谐稳定的意义来看,一是可以促进代际交流。大学生参与社区养老服务有助于促进不同年龄段人群之间的交流和互动,增进相互理解和尊重,从而缓解代际矛盾和问题。二是有助于弘扬敬老爱老传统美德。通过参与养老服务活动,大学生可以亲身感受到敬老爱老传统美德的重要性,并在实践中传承和弘扬这一美德。三是可以推动社会精神文明建设。大学生参与社区养老服务是社会精神文明建设的重要组成部分。他们的积极参与有助于推动社会形成良好的道德风尚和文明氛围。

综上所述,大学生志愿参与社区养老服务具有多方面的现实意义和价值。我们应该鼓励和支持更多的大学生参与社区志愿养老服务,共同为构建和谐社会、促进老年人的幸福生活贡献力量,也为有序推动积极应对人口老龄化国家战略,贡献当代青年大学生的智慧和力量。

第三节　大学生的参与兴趣与参与形式

民政工作社会化的参与形式，包括客观的实际参与形式与主观的意愿参与形式两个方面。从目前来看，民政工作社会化存在着社会力量客观参与不足的问题，而且已有的客观参与形式并不是需求导向的，而是由供给决定的，最终导致的结果是民政工作社会化参与供需的失衡与错位。这也许是国家大力推进"供给侧"结构性改革的重要现实背景。"供给侧"结构性改革的一个重要方面是社会参与主体的供给意愿。因此，从大学生参与社区养老服务的角度来看，了解大学生对社区养老服务的参与兴趣与意愿以及参与形式，是有效促进大学生参与社区养老服务的重要内容和前提基础。

一、社区养老服务的参与兴趣

兴趣是最好的老师，也是最好的内在激励因素。社会主体对民政工作的参与兴趣，对于民政工作社会化起着重要的影响作用，在某种程度上甚至决定了民政工作社会化的可能性。以大学生参与社区养老服务为例，在自愿参与的主要原则之下，大学生是否对参与社区养老服务感兴趣，以及他们对参与社区养老服务有多大的兴趣，是组织大学生参与社区养老服务时，需要重点考虑的内容之一。表5-13 的统计结果表明，有 34.8% 的大学生对参与社区养老服务有很大的兴趣，这部分大学生，是我们组织大学生志愿参与社区养老服务的核心对象。相反，只有 11% 左右的大学生对参与社区养老服务不怎么感兴趣或一点也不感兴趣。那么，在自愿参与原则下，这部分大学生很难成为社区养老服务的主要参与力量，除非实行强制参与的方式，但这是不太可能采用的措施。

表 5-13　　　　　　**大学生对社区养老服务的参与兴趣**

	频率	百分比（%）	有效百分比（%）
非常感兴趣	44	3.1	3.2
比较感兴趣	435	31.0	31.6

	频率	百分比(%)	有效百分比(%)
一般	743	53.0	54.0
不太感兴趣	107	7.6	7.8
不感兴趣	48	3.4	3.5
合计	1377	98.3	100

值得注意的是，仍有 54.0%的大学生对参与社区养老服务表示有一般兴趣，所占比例超过了一半，也就是说这部分大学生对参与社区养老服务抱有一种可有可无或者无所谓的态度，换句话说，这部分大学生是志愿参与社区养老服务的犹豫群体。他们和那些对社区养老服务有着较大兴趣的大学生一起，成为我们可以开发的潜在志愿力量。调动他们参与社区养老服务的积极性，我们既可以通过组织形式的不同来激发他们参与社区养老服务的兴趣，也可以通过有目的的激励方式来鼓励他们参与社区养老服务。这就需要了解他们对社区养老服务参与形式的意愿。

二、社区养老服务的参与形式

大学生参与社区养老服务的形式可以是多样化的，有强制参与和自愿参与之分，有长期连续参与和临时机动参与之分，有周末参与和课余参与之分等。那么，基于大学生参与意愿而采取的参与形式，是较理想的社区养老服务参与形式。表5-14 中的统计结果表明，有接近 30%的大学生愿意利用周末的时间来参与社区养老服务，有 20.6%的大学生愿意在暑假期间参与社区养老服务，有 25.6%的大学生愿意通过偶尔参与的形式参与社区养老服务，有 14.5%的大学生愿意在课余时间参与社区养老服务，还有 12.6%的大学生愿意在寒假期间参与社区养老服务。这些统计数据表明，大学生参与社区养老服务的形式，并不具有明显的倾向性，而是表现出明显的差异性和多样性。这对于我们有效地组织大学生参与社区养老服务提供了重要依据，也预示着有效组织大学生参与社区养老服务并不是一件容易的事情，需要采取多元化的组织形式。

表 5-14   大学生参与社区养老服务内容的选择意愿

		频数	百分比(%)	有效百分比(%)
课余时间	不愿意	1162	82.9	82.9
	愿意	203	14.5	14.5
周末时间	不愿意	944	67.4	67.4
	愿意	417	29.8	29.8
寒假期间	不愿意	1225	87.4	87.4
	愿意	176	12.6	12.6
暑假期间	不愿意	1071	76.4	76.4
	愿意	288	20.6	20.6
偶尔体验	不愿意	1012	72.2	72.2
	愿意	359	25.6	25.6

注：还有一个其他形式，此表没有录入。

社区养老服务只是社区服务的一个重要方面，特别是在人口老龄化加速发展的背景下，建设多层次养老服务体系已经成为摆在中国政府面前的一个极为迫切而又重要的任务和难题。大学生参与社区养老服务则为我们建立多层次养老服务体系提供了一种可能性。那么，值得讨论的问题是，在中国是否可以强制大学生参与社区服务或社区养老服务呢？在我们看来是完全可以的，该观点的依据有以下几点：一是国外已经有比较成功的案例，如美国就是强制大学生参与社区服务，而且规定必须要服务满一定的时长，并且计入人才培养方案之中；二是大学生对参与社区养老服务有强烈的兴趣和很高的意愿；三是大学生参与社区养老服务可以更好地了解社会、认识社会，达到理论与实践相结合培养人才的效果；四是大学生通过各种形式融入老年人的日常生活中，能够为老年人群体带来活力；五是大学生参与社区养老服务，已经成为老年人了解社会发展动态、享受国家大爱的一个窗口。因此，在制度上强制大学生参与社区养老服务，并不存在理论上的障碍，问题的关键在于如何组织。

第四节　大学生的参与目的与参与方式

民政工作社会化的核心要素是鼓励社会力量的广泛参与，而实现这一目标的前提是要掌握社会力量参与民政工作的目的，只有充分了解社会力量参与民政工作的主要目的，才能够有的放矢地推动民政工作社会化。社会力量是多元化的，不同的社会组织或社会力量参与民政工作有着不同的目的，有的目的是盈利，有的目的是奉献爱心，有的目的是想把它作为一种了解社会、认识社会的一个窗口和机会。参与的目的不同，就会导致不同社会力量意愿参与社区养老服务方式的差异性。因此，了解社会力量参与民政工作的主要目的与意愿参与方式，就显得非常重要。

一、大学生参与社区养老服务的目的

经济学上在分析人的行为时，往往假定每个人都是理性的，这种理性是一种经济理性，即每个理性人都想以最少的付出获得最大的利益。然而，人的经济理性的假定能否用于社会问题的分析是有争议的，但是，不可否认的是，每一种行为都有他的目的性，且是显而易见的。基于此，深入了解大学生参与社区养老服务的目的，有助于我们有针对性制定相关政策以引导大学生的社区养老服务参与行为。表5-15中的统计结果表明，有63.4%的大学生参与社区养老服务的最重要目的是奉献爱心、提升自身价值，这是大学生参与社区养老服务的首要目的。这虽然也是一种自利行为，但是这种自利行为远离世俗，与金钱物质等经济利益无关，是一种对生命高度的追求。其次是大学生之所以参与社区养老服务，是因为他们认为老年人应该得到帮助，持有这一观点的大学生所占比例为52.3%。大学生持有这种认识，反映了两种优秀的价值观教育：一是传统的孝道文化教育，即尊老爱幼；二是共建共享新型社会文化教育，即代际公平。再次是有33.2%的大学生认为，参与社区养老服务能够锻炼自己。从大学生参与社区养老服务的目的来看，组织大学生参与社区养老服务，可以达到一种双赢甚至多赢的局面和效果。

表 5-15　　　　　　　　　　　大学生对社区养老服务的参与目的

参与目的	观察值个数	观察频率	百分比（%）
认为老年人应该得到帮助	1375	719	52.3
奉献爱心、提升自身价值	1375	871	63.4
培养锻炼自己的能力	1375	456	33.2
赚钱	1375	33	2.4
早日认识社会、融入社会	1375	185	13.5
多结交朋友	1375	115	8.4
打发学校的无聊时光	1375	41	3.0
没考虑什么目标	1375	100	7.3

随着市场经济的深入发展以及受到精致利己主义的影响，个体行为的物质追求导向和利益导向是比较明显的。但是，表 5-15 的统计结果表明，大学生参与社区养老服务时对"赚钱"的欲望是很低的，只有 2.4% 的大学生参与社区养老服务是为了赚钱。这一统计结果表明，组织大学生参与社区养老服务，并不需要太多的资本支持，却可以起到很好的作用，因为大学生参与社区养老服务的核心在于教育，而不是商业目的。而且大学生也明白，由于社区养老服务的志愿性质和公益性质，他们也很难通过参与社区养老服务获得较多的物质利益，因此，他们更看重的是从参与社区养老服务实践中得到提升和成长，而不是经济利益。但是，不可否认的是，大学生并不是对物质补偿没有需求，而是获得其他方面的满足对他们而言更为重要。因此，上述统计结果至少告诉我们，组织大学生参与社区养老服务，不需要通过完全的市场机制来实现，而可以通过以志愿力量为主的公益性组织机制来实现。

二、社区养老服务参与方式选择

大学生愿意以什么样的方式参与社区养老服务，是大学生参与社区养老服务的目的的进一步佐证。同时，它也为我们选择适宜的方式组织大学生参与社区养老服务提供了重要基础。表 5-16 中的统计结果表明，志愿提供服务方式成为大学生参与社区养老服务的主要选择模式，这与大学生参与社区养老服务不以赚钱为目的相呼应。以适当有偿服务的方式参与社区养老服务成为大学生参与社区养老服务的第二选择，这与广大大学生是一个消费群体以及其经济条件不好有关系，同时，适当有偿或者变相有偿，也可以弘扬契约精神和公平理念。有 17.1% 的大学生表示，无论是以有偿方式还是以无偿方式，都愿意参与社区养老服务，这同样反映出，大学生参与社区养老服务不在于能否从中得到物质补偿。仅有 1.8% 的大学生认为愿意以完全的市场行为的方式参与社区养老服务。

表 5-16　　　　　　　　大学生对社区养老服务的意愿参与方式

参与方式	观察值个数	观察频率	百分比(%)
志愿服务	1195	741	62.0
适当有偿服务	1195	292	24.4
完全市场行为的服务	1195	21	1.8
有偿无偿无所谓	1195	204	17.1
其他	1195	1	0.1

随着中国人口老龄化的加速发展，老年人口必将急剧增加，而且随着老年人年龄的增大，失能、半失能甚至失智的概率也将日益增大。如何为老年人提供基本的养老服务，不仅已经成为中国面临的一个重要难题，也是中国民政工作的迫切需要解决的任务。养老服务体系建设，需要土地、资本、制度等多方面的支持，其中对人才的需求是其中的核心要素。当前，中国社会养老服务体系建设中面临的主要困难，不是资本的问题，也不是制度的问题，而主要是人才短缺甚至奇缺的问题。

中国从 20 世纪 90 年代初期，已经进入低生育率国家行列，甚至已经陷入"低生育率陷阱"（指总和生育率低于 1.5）。而意愿性低生育率的逐步形成，更加剧了养老服务人才的短缺。因此，充分发挥一切力量是推动民政工作社会化的根本出路。大学生是中国养老服务体系建设中一支重要的潜在力量，但是也是一个被严重忽视的群体。西方发达国家民政工作社会化的实践经验，也许能为我们提供一定的启发，具有一定的借鉴意义。

第六章　民政工作社会化参与意愿的影响因素

第五章详细分析了民政工作社会化的参与意愿及其结构，重点分析了民政工作社会化参与意愿的个体差异、参与能力与参与倾向、参与兴趣与参与形式、参与目的与参与方式等结构性问题，这为组织大学生参与民政工作提供了重要指引和依据。但是，第五章并没有分析哪些因素影响了民政工作社会化的参与意愿，本章将通过调查数据，以大学生参与社区养老服务为例，实证分析制约社会力量参与民政工作社会化的影响因素。

第一节　理论分析、研究假设与数据选择

一、理论分析

民政工作社会化参与意愿的影响因素是一个复杂而多维的问题，涉及个体、社会、经济、文化等多个层面。不同层面的因素对大学生参与社区志愿养老服务的影响方向和影响程度以及影响机理，都呈现出一定的差异性。

首先，个体因素对民政工作社会化参与意愿的影响。年龄与生命周期、性别角色、受教育程度以及个人经历与价值观等都可能成为影响民政工作社会化参与意愿的个人因素。不同年龄段的个体对民政工作社会化的参与意愿存在差异。年轻人可能因工作繁忙、家庭责任等因素，参与意愿相对较低；而中老年人，尤其是退休群体，由于时间充裕、生活稳定，更可能愿意参与社区治理和志愿服务等民政工作。性别因素的影响也较为显著。虽然性别因素对参与意愿的直接影响在逐渐减弱，但传统性别角色定位仍在一定程度上影响参与行为。女性可能因承担更多家庭责任而限制其参与民政工作的时间和精力。随着基础教育普及和高等教

育扩张，公民受教育程度普遍提高，这有助于提升公众对民政工作的认知和理解，从而增强其参与意愿。然而，受教育程度与参与意愿之间并非简单的线性关系，还需考虑其他因素的综合影响。个人经历与价值观也会影响民政工作社会化的参与意愿。有过基层组织参与经验、对社区有深厚感情的个体，参与民政工作的意愿往往更强。同时，个人的价值观和信仰也会影响其对民政工作的看法和参与意愿。

其次，社会因素对民政工作社会化参与意愿的影响。社区归属感、社会网络与社会关系以及政策环境等是民政工作社会化参与意愿的影响因素。社区归属感是居民参与民政工作的重要动力。当居民对所在社区有强烈的认同感和归属感时，他们更可能愿意为社区的发展贡献自己的力量。社会网络的大小与社会关系的好坏，也会影响民政工作社会化参与意愿。个体在社会网络中的位置和关系也会影响其参与民政工作的意愿。拥有广泛社会网络和良好人际关系的个体，更可能获得参与民政工作的机会和信息，从而增强其参与意愿。同时，政策环境也是影响民政工作社会化的因素。政府的政策导向和激励机制对民政工作社会化的参与意愿具有重要影响。例如，政府通过制定优惠政策、提供资金支持、加强宣传教育等措施，可以有效提升公众的参与意愿。

再次，经济因素对民政工作社会化参与意愿的影响。个体的收入水平、就业状况等经济因素可能影响个体对民政工作社会化的参与意愿。社会力量参与民政工作，不仅有参与方式的差异，也会有参与目的的不同。有一些社会力量参与民政工作的目的主要是积累经验和了解社会，他们常常以志愿服务的方式参与民政工作；还有一些社会力量参与民政工作是为了获得经济上的补偿，因此，他们更可能通过政府购买服务的方式参与民政工作。因此，经济条件是制约个体参与民政工作的重要因素之一。较高的收入水平可以为个体提供更多的时间和资源以参与民政工作；而低收入群体可能因生计所迫而无力参与。就业稳定性也会影响个体的参与意愿。有稳定工作的个体更可能有时间和精力参与民政工作；而失业或工作不稳定的个体则可能因忙于生计而无暇顾及。

最后，文化因素对民政工作社会化参与意愿的影响。人的行为大多是理性的，而人的行为是受到每个人所形成的思想观念支配的，观念的实质是一种文化现象。不同的文化观念，将支配不同的个体表现出不同的个体行为。传统文化观念常常成为影响甚至决定人们行为的重要力量。中国传统文化中强调集体主义和社区意识，这在一定程度上促进了公众对民政工作的参与意愿。然而，随着现代化进程的加快和西方文化的冲击，传统文化观念的影响正在逐渐削弱。同时，社会舆论与媒体宣传对民政工作社会化的参与意愿也有重要影响。媒体和舆论对民政工作的宣传报道也会影响公众的参与意愿。正面的宣传报道可以提升公众对民政工作的认知度和认同感；而负面的报道则可能降低公众的参与热情。

综上所述，民政工作社会化参与意愿的影响因素是多方面的，包括个体因素、社会因素、经济因素和文化因素等。要提升公众的参与意愿，我们需要综合考虑这些因素，制定有针对性的政策措施和宣传策略，问题的关键是，在这些因素中，哪些因素才是影响民政工作社会化的核心要素呢？这是值得深入探讨的问题。

二、研究假设

大学生参与社区志愿养老服务意愿的影响因素，受到多种因素的综合影响。这些因素，既可能是大学生的个体人口学特征因素，也可能是大学生所具备的经济条件因素、社会环境因素以及文化环境因素等。

首先，从大学生的个体人口学特征对参与社区志愿养老服务意愿的影响来看，年龄越大，可能意味着大学生的年级越高，而年级越高的大学生，他们越可能忙于就业、考研或考公务员等，愿意参加社区志愿养老服务的意愿将越低。参加志愿养老服务工作，本身是一种公益性行为，是慈善之举。而女性往往较男性表现出更多的同情心和友善行为，因此，女性大学生的社区志愿养老服务参与意愿可能更强。大学生的受教育年限越多，可能意味着学到的知识越多，他们的素质也就越高，因此，受教育年限较长的大学生，可能更倾向于参与志愿社区养老服务。大学生的健康状况越好，他们的学习效率越高，越容易把学习搞好，然后才能有更多的闲暇时间参与社会实践，因此，健康状况越好的大学生，可能更愿意参与社区志愿养老服务。党员始终是先锋代表人物，党员身份可能会促使大学生更愿意参加社区志愿养老服务。

基于上述分析，本书提出研究假设 1：女性、年龄越大、受教育年限越长、健康状况越好、政治面貌为党员以及民族特征为汉族的大学生，他们更倾向于愿意参与社区志愿养老服务。

其次，从社会环境因素对大学生志愿参与社区养老服务的影响来看，社区归属感可能是影响大学生参与社区养老服务的重要因素。社区归属感体现在多个方面，比如爱护社区的环境、参与社区的一些活动、加入社区公益性组织等，这些都是大学生社区归属感的反映。其中，学生的社区志愿服务活动参与情况是社区归属感的具体体现。因为，个人社区志愿服务参与实践经历，对大学生的影响是深远的，大学生自身参与社区志愿服务的机会比较少，因此，如果有机会能够进一步参与社区志愿养老服务，那么，大学生将可能更加积极地投入社区志愿养老服务之中。因此，曾经参与过社区志愿养老服务的大学生，可能更倾向于愿意参加。大学生对社会的信任程度，也可能影响他们参与社区志愿养老服务的意愿。一个对社会缺乏信任的大学生，心理上往往担心因为参与社区服务而受到伤害，因此，不愿意参与社区志愿养老服务。相反，那些对社会信任程度高的大学生，越可能愿意参与社区志愿养老服务。养老服务政策环境也是影响大学生参与志愿社区养老服务意愿的因素，因为，大学生对养老服务政策的了解程度，反映了他们对我国人口老龄化问题的重视和关注程度，这会激励他们了解养老服务问题的现实状况，以期能够提前谋划养老问题。因此，了解养老服务政策的大学生，可能更倾向于愿意参与社区志愿养老服务。

基于上述分析，本书提出研究假设2：大学生对养老服务政策了解越多、对参与社区养老服务意义的认识越积极、对社会信任的程度越高、曾经参加过社区志愿服务的大学生，越愿意参与社区志愿养老服务。

再次，从经济条件因素对大学生参与社区志愿养老服务的影响来看，家庭经济困难的大学生，往往懂事更早，正所谓"穷人家的孩子早当家"。长期的艰苦生活，不仅磨炼了他们的意志，还培育了他们乐于助人、积极参与社区实践的精神。而且，大学生参与社区养老服务，不仅有可能获得经济上的补助，还可能因为社会实践表现优秀而获得奖学金或优秀三好学生称号，这不仅可以给他们带来物质上的利益，更为重要的是他们因此可能获得更好的就业竞争力。因此，家庭经济越困难的学生，他们可能越愿意参与社区志愿养老服务。大学生的家庭经济情况，集中体现在家庭经济状况的好坏、大学生每个月生活费的多少以及大学生每个月的生活费满足基本生活需要的程度。前文分析指出，就业稳定性是反映经济因素的一个重要指标。大学生就业稳定性的集中体现在不存在就业风险。而他们是否担心失业问题，是反映其就业风险的一个重要指标。因此，大学生就业风险越高，他们可能更不愿意参与社区志愿养老服务。同时，大学生的心理健康程度，也会影响他们的就业风险。那些自卑感很强的大学生，往往具有较高的就业风险。可能越不愿意参与社区志愿养老服务。

基于上述分析，本书提出研究假设 3：家庭经济状况越好、个人生活费越多、生活费越宽裕、自卑感越强、就业风险越高的大学生越不愿意参与社区志愿养老服务。

最后，从文化因素对大学生参与社区志愿养老服务的影响来看，观念是文化现象，而文化因素集中表现在大学生的在校学习表现。大学生在校学习的好坏，对他们行为观念的形成具有重要的影响。因此，大学生在校学习表现越好，越可能形成健康的行为观念，这对他们参加社区志愿养老服务的影响越积极。大学生是否获得过奖学金，大学生距离毕业的时间远近以及他们的学习压力大小等，都是大学生在校学习好坏的具体体现。相对而言，获得过奖学金的大学生、通过了英语四六级的大学生、没有"挂科"的大学生、学习压力较小的大学生，在校的学习表现越好，他们越可能倾向于愿意参与社区志愿养老服务。

基于上述分析，本书提出研究假设 4：获得过奖学金、通过了英语四六级、没有挂科、学习压力较小的大学生，越愿意参与社区志愿养老服务。

三、数据选择

本书的数据来自中南财经政法大学社会保障与社会政策研究所 2018 年组织的社会调查，调查主题为"大学生参与社区养老服务问题调查"。本次调查，兼顾东中西部地区和重点高校以及非重点高校，基本抽样原则是按照经验分层随机整群抽样的方式，选取被调查对象。调查地区分布在北京市、广东省广州市、河南省郑州市、湖北省武汉市、江苏省扬州市、江西省南昌市、山东省济南市、陕西省西安市、重庆市九个核心城市，这些城市的重要特点在于高校多、不同类型的高校多以及在校大学生的规模大，同时这些地区由于不仅仅有经法管类的高校，也有理工农医的高校，所在地区大学生的专业门类比较齐全，能够更好地反映全国大学生的总体情况，调查样本具有较好的代表性。① 本次调查中，被调查大学生主要分布在以下几个高校：华东交通大学、华南师范大学、华中师范大学、暨南大学、西北政法大学、扬州大学、郑州轻工业大学、中国劳动关系学院、中南财经政法大学、重庆工商大学以及武汉轻工大学等，被调查样本涵盖了教育部直属的"211 高校"、全国的"双一流高校"以及部分省属重点高校。被调查大学生的学校分布以及调查样本的基本分布情况如表 6-1 所示。

表 6-1　　　　　　　　　被调查大学生的学校分布情况

	所在学校	频数	百分比	有效百分比（%）	累计百分比（%）
有效样本	武汉商贸职业学院	60	4.3	4.3	4.3
	华东交通大学	81	5.8	5.8	10.1
	华南师范大学	68	4.9	4.9	14.9
	华中师范大学	39	2.8	2.8	17.7
	暨南大学	42	3.0	3.0	20.7
	山东政法学院	66	4.7	4.7	25.4
	武汉纺织大学	95	6.8	6.8	32.2
	武汉轻工大学	18	1.3	1.3	33.5
	武汉轻工业大学	81	5.8	5.8	39.3
	武汉商学院	62	4.4	4.4	43.7
	武汉学院	293	20.9	20.9	64.6
	西北政法大学	133	9.5	9.5	74.1
	扬州大学	85	6.1	6.1	80.2
	郑州轻工业大学	39	2.8	2.8	82.9
	中国劳动关系学院	81	5.8	5.8	88.7
	中南财经政法大学	129	9.2	9.2	97.9
	重庆工商大学	29	2.1	2.1	100.0
	总计	1401	100.0	100.0	

① 值得注意的是，2018 年中国在校大学生规模已经接近 4000 万人，达到 3833 万人，用 1400 份大学生调查样本来反映全国的 4000 万人大学生情况，无论抽样多么地科学合理，其代表性仍然存在一定问题。见中华人民共和国教育部. 2018 年全国各类高等教育在学总规模达 3833 万人［EB/OL］.（2019-02-26）［2024-10-15］. http://www.moe.gov.cn/fbh/live/2019/50340/mtbd/201902/t20190227_371430.html.

第二节　变量选择、模型构建与参数估计

一、变量选择

根据前文的理论分析以及课题组调查数据的基本结构，本书的变量选择情况及其统计描述如下：

首先，个体特征变量选择。前文的理论分析表明，大学生个体特征中的性别、年龄、受教育年限以及社会实践经历，可能会影响大学生的社区志愿养老服务参与意愿。因此，本书把大学生的性别、年龄、受教育年限以及是否参与过志愿服务活动作为个体特征变量纳入回归模型，其中，大学生的受教育年限用他们的学历程度来代替。同时，考虑到健康问题、民族特征和政治面貌等因素，也可能会影响大学生的社区志愿养老服务参与意愿，本书还把大学生的健康状况、民族和政治面貌三个变量作为控制变量纳入回归模型。

其次，社会因素变量选择。前文的分析表明，大学生对养老服务政策的了解情况、对参与社区养老服务意义的认识情况以及对社会信任的程度，都可能会影响他们参与社区志愿养老服务的意愿问题。因此，本书把上述这几个方面的变量，包括大学生对养老服务政策的了解程度、对社区养老服务内容的了解程度、对中国人口老龄化形势的了解程度以及对社会信任程度的价值判断，作为可能的影响因素纳入回归模型加以验证。在社会因素中，同伴的影响也至关重要，拥有较多的好朋友可能意味着更多的社区志愿服务信息，同伴的参与也可能带来一定的激励作用，进而激励他们参与社区志愿养老服务活动。同时，考虑到大学生参与社区志愿养老服务，需要社团组织才更为方便。因此，本书把大学生是否参加社团组织、是否拥有好朋友，也作为可能的影响因素纳入回归模型。

再次，经济因素变量选择。经济因素变量对大学生社区志愿养老服务参与意愿的影响，主要体现在四个方面：一是家庭经济情况带来的影响，不同的大学生家庭经济情况是不同的，家庭经济条件好的大学生，如果只是从获得经济

补偿的角度看，他们是可能不愿意参与社区志愿养老服务的，相反，家庭经济条件不好的大学生则更可能倾向于参与社区志愿养老服务。二是生活费水平带来的影响。大学生的经济情况，还体现在生活费的多少上，不同家庭的父母，他们对大学生的约束方式是不同的，家庭经济条件较好的大学生，其父母并不一定就会给较多的生活费；家庭条件差的大学生，其父母也并不一定就会给较少的生活费，这就会带来生活费差异所导致的大学生参与社区志愿养老服务意愿的差异。三是生活费相对宽裕程度带来的影响。不同的大学生，消费习惯和消费水平并不一样，那些善于控制不合理支出、善解和体谅父母的大学生，他们的生活费即便是不多，也呈现出更加宽裕的状况。四是经济相关因素带来的影响。大学生经济因素越差，往往是他们越发自卑的重要诱因，这又进一步造成他们的就业风险比较高。因此，大学生的自卑心理和就业风险高低，也从一个侧面反映了他们的经济状况。

最后，文化因素变量选择。根据前文的分析，文化因素对大学生参与志愿社区养老服务的影响，集中体现在大学生的在校学习表现。具体操作化为以下几个指标：一是大学生是否获得过奖学金，获得过奖学金的大学生，学习表现相对更优秀。二是大学生是否有"挂科"问题，有过"挂科"问题的学生，不管是什么原因造成的"挂科"，都在一定程度上表明其在校学习表现相对较差，进而会影响他们的社区志愿养老服务参与意愿。三是距离毕业的时间远近，距离毕业时间越近，大学生可能越忙于就业与升学，可能没有较多的时间参与社区志愿养老服务。四是大学生的学习压力大小，这是反映大学生在校学习表现的一个综合指标。上述四个方面的指标，共同反映大学生的在校学习表现。本书之所以把在校学习表现，作为影响大学生参与志愿社区养老服务的重要原因，其中的基本逻辑在于，大学生在校学习的时间是非常有限的，如果大学生在校学习表现不好，那么，他很可能忙于应付学习压力，而没有过多的闲暇时间参与社区志愿养老服务。因此，本书把大学生的在校学习表现、学习压力大小等因素作为一个重要方面的控制变量纳入回归模型。

本书的变量选择情况如表6-2所示：

表 6-2　　　　　　　　　**变量名称及其基本情况的描述统计(全样本)**

变量类型	指标名称	指标设计及赋值	最大值	最小值	均值	标准差	样本数
因变量	社区志愿养老服务参与意愿	您是否愿意抽时间参与社区志愿养老服务。愿意=1, 不愿意=0	1	0	0.95	0.22	1306
个体特征变量	性别	被调查大学生的性别。男=1, 女=0	1	0	0.35	0.48	1384
	年龄	被调查大学生的年龄	37	17	20.3	1.89	1347
	教育程度	被调查大学生的受教育程度。大学专科=1, 大学本科=2, 研究生=3	3	1	2.05	0.48	1392
	健康状况	被调查大学生近两周是否生病。生病=1, 没有生病=0	1	0	0.58	0.49	1379
	政治面貌	被调查大学生的政治面貌。共产党员=1, 民主党派=2, 共青团员=3, 一般群众=4	4	1	2.86	0.57	1391
	民族状况	被调查大学生的民族情况。汉族=1, 少数民族=0	1	0	0.97	0.18	1392
社会因素变量	养老政策	被调查大学生对养老服务政策的了解程度。非常了解=1, 比较了解=2, 一般了解=3, 不太理解=5, 完全不了解=5	5	1	2.62	0.85	1274
	人口形势	被调查大学生对中国人口老龄化形势的了解程度。非常了解=1, 比较了解=2, 一般了解=3, 不太了解=4, 很不了解=5	5	1	2.95	0.95	1198
	有无朋友	被调查大学生是否有好朋。有=1, 没有=0	1	0	0.92	0.28	1383
	社会信任	被调查大学生是否容易相信别人。相信别人=1, 不相信别人=0	1	0	0.69	0.46	1365
	社团组织	被调查大学生是否参加了社团组织。参加=1, 没有参加=0	1	0	0.68	0.47	1382
	参与经历	被调查大学生是否参加社区志愿服务。参加过=1, 没有参加过=0	1	0	0.66	0.47	1383

变量类型	指标名称	指标设计及赋值	最大值	最小值	均值	标准差	样本数
经济因素变量	家庭经济	被调查大学生家庭经济情况。非常好=1，比较好=2，一般=3，不太好=4，很不好=5	5	1	3.26	0.62	1387
	生活水平	被调查大学生每个人每月的生活费数量	3000	300	1001	0.82	1307
	生活宽裕	被调查大学生每个月的生活费宽裕程度。非常宽裕=1，比较宽裕=2，一般=3，不太宽裕=4，很不宽裕=5	5	1	2.85	0.75	1295
	自卑心理	被调查大学生是否有自卑心理。有=1，没有=0	1	0	0.25	0.43	1296
	就业风险	被调查大学生对找不到工作的担心程度。非常担心=1，比较担心=2，一般担心=3，不太担心=4，完全不担心=5	5	1	2.57	1.03	1280
文化因素变量	有无奖金	被调查大学生是否获得过奖学金。是=1，否=0	1	0	0.25	0.43	1294
	是否挂科	被调查大学生是否有"挂科"现象。是=1，否=0	1	0	0.25	0.43	1296
	毕业时间	被调查大学生距离毕业的时间长短	4	0	2.03	0.89	1299
	学习压力	被调查大学生学习压力。非常大=1，比较大=2，一般大=3，比较小=4，非常小=5	5	1	2.56	0.73	1293

二、模型构建

从因变量的类型看，社区志愿养老服务参与意愿，是一个二分类因变量，不满足线性回归分析的基本要求，本书选择二元 Logistics TNR 回归模型来估计模型参数。设因变量为 y，y 取值为 1 表示大学生愿意参与社区志愿养老服务，取值为 0 表示大学生不愿意参与社区志愿养老服务。影响 y 的 m 个解释变量和控制变量分别记为 x_1，x_2，$\cdots$，x_m。再假设大学生愿意参与社区志愿养老服务的条件概

率为 $p(y=1\mid X)=p_i$ ，那么，$1-p_i$ 则表示大学生不愿意参与社区志愿养老服务的发生概率，它们均是由自变量向量 X 构成的非线性函数：

$$p_i = \frac{1}{1 + e^{-(\alpha + \sum_{i=1}^{m}\beta_i x_i)}} = \frac{e^{\alpha + \sum_{i=1}^{m}\beta_i x_i}}{1 + e^{\alpha + \sum_{i=1}^{m}\beta_i x_i}} \tag{1}$$

大学生愿意参与社区志愿养老服务与不愿意参与社区志愿养老服务的概率之比 $P_i/1-P_i$ 被称为事件发生比，简写为"Odds"。Odds 为正值（因为 $0 < P_i <1$），且没有上界。对 Odds 进行对数变换，得到 Logistics 回归模型的线性表达式：

$$\text{Ln}\left(\frac{p_i}{1 - p_i}\right) = \alpha + \sum_{i=1}^{m}\beta_i x_i \tag{2}$$

式（1）和式（2）中，α 为常数项，m 为解释变量和控制变量的数量，β_i 是不同解释变量和控制变量的系数，反映不同解释变量和控制变量对大学生志愿参与社区养老服务意愿的影响方向及程度。

三、参数估计

为了尽可能减少变量较多时因为多重共线性可能带来的模型估计偏差，同时，也为了更好地了解不同层面解释变量对大学生社区志愿养老服务参与意愿的影响，本书采用逐步回归的方式估计模型参数。从模型估计结果看，模型 1 到模型 4，都通过了显著性检验，其中模型解释了因变量变异的 6.4%，模型解释了因变量变异的 15.6%，模型 3 解释了因变量变异的 18.0%，模型 4 解释了因变量变异的 70.3%。并且这四个模型均通过了显著性检验，表明四个模型中纳入的解释变量至少有一个是影响大学生社区志愿养老服务参与意愿的因素。具体而言，模型 1 估计的是大学生社区志愿养老服务参与意愿的个体特征影响因素。模型 2 是在控制大学生个体特征因素的基础上，进一步加入社会环境因素来探讨其对大学生社区志愿养老服务参与意愿的影响。模型 3 是在控制大学生个体特征因素和社会环境因素的基础上，进一步分析经济条件因素对大学生社区志愿养老服务参与意愿的影响。模型 4 是在控制前面所有的影响因素的情况下，估计文化因素对大学生社区志愿养老服务参与意愿的影响。模型估计结果如表 6-3 所示。

表 6-3　　　　大学生社区志愿养老服务参与意愿影响因素的回归结果

变量类型	变量名称	模型 1		模型 2		模型 3		模型 4	
		β	$Exp(\beta)$	β	$Exp(\beta)$	β	$Exp(\beta)$	β	$Exp(\beta)$
个体特征变量	性　别	-1.067***	0.344	-0.897***	0.408	-0.831**	0.436	-4.903**	0.007
	年　龄	-0.024	0.976	0.008	1.008	-0.016	0.984	-0.116	0.890
	教育程度	-0.015	0.985	-0.048	0.953	0.216	1.241	-4.630*	0.010
	健康状况	0.547**	1.728	0.499*	1.648	0.363*	1.438	-4.226	0.015
	政治面貌	-18.257	0.000	-17.920	0.000	-17.855	0.000	-14.467	0.000
	民族状况	0.034	1.035	0.411	1.508	0.353	1.423	-0.900	0.407
社会环境变量	养老政策			0.200	1.221	0.269	1.309	-0.834	0.434
	人口形势			0.073	1.076	0.144	1.155	0.857	2.356
	有无朋友			-0.017	0.983	-0.118	0.889	-25.499	0.000
	社会信任			0.795**	2.214	0.858**	2.357	1.344	3.834
	社团组织			0.605**	1.831	0.564*	1.758	-7.395**	0.001
	参与经历			1.349***	3.853	1.209**	3.350	9.796**	1.796E4
经济条件变量	家庭经济					-0.401	0.670	-0.177	0.838
	生活水平					0.000	1.000	-0.002	0.998
	生活宽裕					-0.109	0.896	0.967	2.630
	自卑心理					-0.164	0.849	1.081	2.948
	就业风险					-0.398**	0.672	-0.968	0.380
文化因素变量	有无奖金							6.547**	697.396
	毕业时间							6.273**	529.938
	是否挂科							8.039**	3.100E3
	学习压力							-0.591	0.554
C	常数项	21.798	2.928E9	17.721	4.967E7	20.636	9.165E8	51.090	1.542E22
模型拟合效果	N	1185		1068		1025		1307	
	-2 Log L	478.198		337.121		303.804		29.366	
	Pseudo R^2	0.064		0.156		0.180		0.703	
	P	0.000		0.000		0.000		0.000	

注：***、**和*分别表示变量在1%、5%和10%的统计水平上显著。"70后"劳动力为参照组。

第三节　模型估计结果的解释与研究结论

一、模型估计结果解释

首先，个体特征因素对大学生社区志愿养老服务参与意愿的影响。模型估计结果表明，在纳入模型中的六个个体特征变量中，有两个变量通过了显著性检验，即性别因素和健康状况。其中，性别对大学生社区志愿养老服务参与意愿有显著的负向影响（B 为负），健康状况对大学生社区志愿养老服务参与意愿有显著的正向影响（B 为正）。这也就是说，男大学生更不愿意参与社区志愿养老服务，而女大学生更愿意参与社区志愿养老服务。在其他条件不变的情况下，男生的参与意愿是女生参与意愿的 0.344 倍。这与研究假设 1 相符。近两周生过病的大学生，更愿意参与社区志愿养老服务，相对于没有生过病的大学生而言，生过病的大学生，愿意参与社区志愿养老服务的概率发生比增加了 72.8%。这与研究假设1 不符，可能的解释是，生病的痛苦经历让大学生体会到了风险的意外性，在人口老龄化快速发展的背景下，老年人的养老风险是随时可能发生的生存风险，力所能及地参与社区志愿养老服务，一方面不仅可以了解老年人的生活状态，也为自己将来积极应对人口老龄化积累重要的信息和资源。因此，近两周生过病的大学生社区志愿养老服务参与意愿更强。年龄、受教育程度、政治面貌和民族状况等因素，对大学生社区志愿养老服务参与意愿的影响，没有通过显著性检验。这说明，这几个变量对大学生社区志愿养老服务参与意愿的影响，缺乏统计学意义。

其次，社会环境变量对大学生社区志愿养老服务参与意愿的影响。社会环境因素变量中，社团组织、社会信任和参与经历三个因素对大学生社区志愿养老服务参与意愿的影响通过了显著性检验，且对大学生社区志愿养老服务参与意愿的影响是正向影响（B 为正）。相对于认为他人不值得信任的大学生而言，认为他人值得信任的大学生中，愿意参与社区志愿养老服务的概率发生比提高了 1.2 倍。相对于没有参加社团组织的大学生而言，那些参加社团组织的大学生，愿意参与社区志愿养老服务的概率发生比增加了 83.1%。相对于那些没有参与过社区志愿服务的大学生而言，参加过社区志愿服务的大学生，愿意参与社区志愿养老服务的概率发生比增加了 2.9 倍。这与前文的研究假设 2 相符。大学生对中国养老政策的了解程度、对中国人口老龄化形势的了解程度以及是否有好朋友这三个变量没有通过显著性检验，这与前文的假设 2 不符。这说明这三个变量对大学生社区志愿养老服务参与意愿的影响缺乏统计学意义。

再次，经济条件因素对大学生社区志愿养老服务参与意愿的影响。在纳入回归模型的五个经济因素变量中，只有就业风险一个变量对大学生社区志愿养老服务的参与意愿呈现出显著的影响，且影响方向为负。即大学生的就业风险越大，他们越不愿意参与社区志愿养老服务。这与前文的研究假设 3 相符。较高的就业压力，把大学生的主要精力引入就业条件的准备和就业能力的提升方面，减少了大学生参与社区志愿养老服务的时间和精力，也降低了大学生社区志愿养老服务的参与意愿。家庭经济情况、大学生的生活水平、大学生生活费宽裕程度以及自卑心理四个变量对大学生社区志愿养老服务参与意愿的影响没有通过显著性检验，这表明这四个解释变量对大学生社区志愿养老服务参与意愿的影响缺乏统计学意义。这与研究假设 3 不符。可能的解释是，大学生是否愿意参与社区志愿养老服务，考虑得更多的不是家庭经济情况和生活费的问题，而是参与大学生社区志愿养老服务是否有利于更好地就业，当面临较严峻的就业形势和较大的就业压力的时候，大学生优先选择的不是参与社区志愿养老服务，而是如何应对就业压力，这毕竟是大学生必须优先考虑的第一要务。因此，表现出与研究假设 3 不符的结果。

最后，文化因素对大学生社区志愿养老服务参与意愿的影响。纳入回归模型中的四个文化因素，有三个因素通过了显著性检验。即是否获得奖学金、距离毕业的时间、是否有"挂科"经历三个解释变量，对大学生社区志愿养老服务参与意愿的影响，均呈现出正向影响。相对于没有获得过奖学金的大学生而言，那些获得过奖学金的大学生，愿意参与社区志愿养老服务的概率发生更高；大学生距离毕业的时间越长，他们越愿意参与社区志愿养老服务。这与前文的研究假设 4 相符。曾经有"挂科"经历的大学生，他们更愿意参与社区志愿养老服务。这与研究假设 4 不符。可能的解释是，参与社区志愿养老服务虽然耽误了大学生的学习时间，但是"挂科"的经历倒逼大学生，通过参与社区志愿养老服务来提高自己的学习表现，进而达到弥补"挂科"对学业带来的不利影响。大学生的学习压力大小对社区志愿养老服务参与意愿的影响，没有通过显著性检验。这表明，大学生学习压力对社区志愿养老服务参与意愿的影响缺乏统计学意义。

二、研究的结论与讨论

首先，大学生社区志愿养老服务的参与意愿较高。在 1401 位大学生调查对象中，有 95% 的大学生愿意参与社区志愿养老服务，而不愿意参加社区志愿养老服务的大学生，所占比例只有 5%。这在一定程度上充分说明，大学生社区志愿养老服务参与意愿较高，新时代的大学生呈现出较高的社区志愿养老服务参与热情和积极性。这也就是说，在中国大力推动积极应对人口老龄化国家战略落地的过程中，当代近 5000 万的高学历人才，是我们积极应对人口老龄化、优化养老服务供给的重要人才资源。大学生参与社区志愿养老服务，不仅可以满足老年人的精神需要和心理需要，也是检验大学生基本理论知识掌握程度的一个重要举措，更是当代大学生学以致用、了解社会现实的一个窗口。国家应该进一步优化支撑政策和措施，畅通和激励大学生更好地参与社区志愿养老服务活动中。

其次，大学生社区志愿养老服务参与意愿受多种因素影响。社会环境因素中的社会信任、社团组织和社区志愿服务参与经历，经济条件因素中的大学生就业风险以及文化因素中的大学生是否获得过奖学金、距离毕业的时间和是否有"挂科"经历等都不同程度地影响大学生的社区志愿养老服务参与意愿。大学生社区志愿养老服务参与意愿，还受到大学生个体特征因素中的性别因素和健康状况因素的影响。这对我们更好地激励大学生社区志愿养老服务参与意愿具有重要的政策启示，比如我们应该鼓励大学生社团组织的健康发展，引导和激励大学生社团定期组织社区志愿服务活动，为大学生参与社会实践提供机会。优先选择大一和大二的新生以及那些曾经获得过奖学金的大学生参与社区志愿养老服务，这样做能够起到事半功倍的效果。同样，那些有"挂科"经历的大学生，并不一定是不愿意参加社区志愿养老服务，良好的组织能够吸纳这一群体的大学生积极参与社区志愿养老服务。

最后，值得注意的是，本书的研究结论是基于 1401 位大学生的调查数据而得出。我国目前的大学生规模已经超过了 4000 万人，用 1401 位大学生样本来反映 4000 万的大学生总体，其代表性是存在一定问题的。特别是，当抽样的方案并不是严格按照随机抽样的方式进行的，因为严格的随机抽样方式是几乎不存在的，那么，此时的研究结论的科学性和可推广性，仍需要进一步调查和验证。这有待于后续的研究进一步跟进。

第七章　民政工作社会化的国际经验与借鉴

西方发达国家的"民政工作"叫公共服务，中外"民政工作"虽然在概念上有所不同，但实质上是一样的，都是一种组织群众、利用社会力量进而服务群众的政府行政性工作。在西方发达国家，民政工作具体体现在社会福利和社会服务事业等方面，其社会化发展起源于20世纪70年代以来的新公共管理运动，而源于该时期的经济停滞和通货膨胀并存的"经济滞涨"现象，是西方发达国家福利社会化的现实背景。

在第二次世界大战之前，西方国家对社会福利和社会服务并未给予足够的重视，特别是在古典自由主义当道的时期，政府的主要责任是当好"守夜人"，这也成为政府不重视社会福利制度建设的理论依据。因此，当时政府提供的福利服务更多地被用作缓和劳资矛盾的应急措施而非长期战略。第二次世界大战之后的近30年时间里，战乱导致的贫病弱乱等问题，以英国为代表的西方各国政府，一度将"福利国家主义"作为缓解社会矛盾、恢复战后经济的重要法宝，并由此建立起了较为完善的社会福利体系，即"福利国家"。福利国家在英国率先建立，并迅速向欧洲特别是北欧国家蔓延。

20世纪70年代和20世纪80年代，两度爆发的石油危机使西方经济陷入了滞涨的大萧条时期，导致财政赤字加大、贫富差距扩大、失业率急剧上升等一系列社会问题，以瑞典为代表的斯堪的纳维亚福利国家出现了高额赤字，将福利国家正式推向了危机的边缘。在此背景下，西方学者提出了"福利多元主义"或"福利社会"等概念，更多强调家庭、企业和社会力量应承担提供福利的责任，降低政府对社会福利的承担责任，其中，主张把志愿组织也纳入社会福利提供者行列，由政府与其他机构（包括企业）合作提供社会福利和社会服务，削减政府福利开支，还权给社会和个人而减少国家对经济过程的干预。

西方国家社会福利和社会服务社会化的历史进程远远先于我国，同时，他们在公民参与社会福利提供和社会组织的培育及其管理等方面亦有一些比较成熟的经验可资借鉴。因此，系统梳理国外"民政工作"社会化的基本做法和经验，对推动我国民政工作社会化以及提高民政工作社会化的效率，都具有重要的现实意义。本章从民政工作社会化的参与主体、参与内容、参与机制以及在推动民政工作社会化进程中政府与社会的关系的角度，系统梳理国外发达国家民政工作社会化的实践做法及其经验。

第一节　国外民政工作社会化的参与主体

民政工作社会化的核心问题是鼓励社会力量参与民政工作和民政服务的提供工作。尽管不同国家的社会经济文化背景皆不相同，但是社会力量的基本构成是相似的，即一般包括社会企业、公益团体和个人等多个方面。不同社会力量的参与目的、参与动力、参与意愿以及参与方式等都不相同导致了不同社会主体在民政工作社会化中所承担的角色、责任和使命的差异性。社会力量在民政工作中的广泛参与和互动协作，共同推动了西方民政工作的社会化进程。

一、个人主体

19世纪初期，志愿服务登上了历史舞台，在第二次世界大战后得到了进一步的规范，经过百余年的发展，志愿服务活动日趋规范化、系统化和组织化。个人作为民政服务的参与主体之一所开展的一系列社会化活动，主要有两种形式：一是通过志愿者或者义工的身份来提供具体的民政服务，二是作为独立个体进行慈善捐款，为开展民政工作提供一定资金支持。尽管两种形式中个人承担的角色不同，但他们都是通过个人参与民政服务的方式，推动民政工作社会化的一种方式。

提供志愿服务是个人参与民政工作的重要渠道。英国作为率先完成工业革命的资本主义国家，是志愿服务发展得最为成熟的国家之一，英国超过50%的公民会参与志愿服务活动，平均每周4个小时。62.5%的美国居民从事诸如为邻居提供帮助的"非正式志愿服务"，同时美国年轻的老人也加入了义工的团队，建立了老年人相互照料机制，充分发挥老年人的人力资源。2010 年在仅有 500 万人口的芬兰，就有超过 150 万人次参与了不同形式的志愿工作，平均每位志愿者每周从事约 3.25 个小时的志愿工作，创造的经济价值总计约 25 亿欧元，相当于芬兰政府当年预算的 4.8%。法国有志愿社团 50 万~70 万个，德国有 18 万~25 万个，这两个国家 44%~45% 的成年人都是某个社团的成员。新西兰则组织了 8000 人规模的消防志愿者团队进行消防管理的社会化，这些志愿者是经过统一的培训，具备基本的灭火能力，而在平时他们则各自有自己的工作岗位。

国家立法支持，为个人参与民政工作提供了制度保障。墨西哥政府规定大学生在校期间只有从事过六个月以上的志愿服务活动，才能获得毕业文凭；美国在 1973 年颁布了《志愿服务法》，加拿大出台了《志愿工作法》，德国制定了《奖励志愿社会青年法》，一系列的法律法规为志愿者提供了保险以及法律的支持。2010 年美国有 6260 万人参与了志愿服务活动，占到了人口总数的 26.3%，服务时间累计达到了 81 亿小时，为社会创造了近 1703 亿美元的价值。截至 2016 年，美国人慈善捐款总额达到创纪录的 3900.5 亿美元，其中 72% 来自个人（绝大部分来自 1% 顶尖富豪），5% 来自企业，15% 来自基金，8% 来自遗赠；与美国正好相反，中国的社会捐款主要来自企业，来自个人的社会捐款则比较少，即企业捐款占 70.7%，个人捐款占 16.4%，社会组织捐款占 6.2%，政府及其他组织捐款占 6.7%。①

加拿大是世界闻名的"慈善大国"，新华社公布的数据显示，早在 2007 年，加拿大人向慈善机构和非营利组织提供的无偿捐款就已经达到 100 亿加元（1 美元约合 1.1 加元），捐款者占全国人口的 84%，而且，相对于 2004 年，2007 年人均捐款金额从三年前的 400 加元增至 437 加元。② 2014 年的统计数据显示，加拿大年人均慈善捐款已经高达 1800 加元（约合 11000 元人民币），这个数值超过美国近 1 倍，慈善捐款总金额占同期 GDP 的比例高达 0.77%。③

---

① 搜狐网. 中美人均慈善捐款差 93 倍 中国人没善心？［EB/OL］.（2019-09-04）［2024-10-20］. https：//www.sohu.com/a/169425126_157078.

② 加拿大 84% 人口无偿捐款［N］. 广州日报，2009-06-10.

③ 上海慈善网. 看看国外都是怎样做慈善的？［EB/OL］.（2014-08-25）［2024-10-20］. https：//www.scf.org.cn/csjjh/n3421/n5604/n5605/u1ai253324.html.

相对而言，西方发达国家的志愿服务体系建设比国内发展更早、更为完善，不同国家的慈善捐款指数从一个侧面反映了这一问题，2015 年英国慈善救助基金会根据世界著名调查公司盖洛普对全球 145 个国家和地区超过 13 万民众的调查数据发布的"世界捐助指数（2015）"排名显示，缅甸是世界捐款指数最高的国家，排名世界第一，捐款指数为 66%；美国排名第二，捐款指数为 61%；而中国排名则在第 144 名，捐款指数为 12%。① 英国的慈善援助基金会发布的 2017 年《世界捐助指数报告》（CAF World GivingIndex 2017）显示，中国 2017 年全球捐助指数只位居在全球调查的 139 个国家中的 138 位。②

综合指数（%）

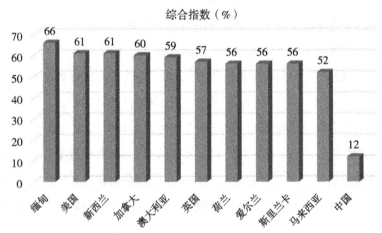

注：衡量排名的元素是下列三类人员占该国被调查人口的比例：一是过去一个月帮助过陌生人的数量；二是过去一个月捐过钱的人数；三是过去一个月做过义工的人数。

图 7-1　　不同国家慈善捐款指数③

二、社会企业

社会企业的起源最早可以追溯到 19 世纪，特别是在工业革命时期的英国。

---

① 搜狐网. 中美人均慈善捐款差 93 倍　中国人没善心？［EB/OL］.（2017-09-04）［2024-10-20］. https：//www. sohu. com/a/169425126_157078.

② 李小云. 中国"世界慈善捐助指数"全球倒数第二［EB/OL］.（2017-09-11）［2024-10-20］. https：//www. sohu. com/a/191334216_795819.

③ 本图数据来自：慈善捐助基金会（Charity Aids Foundation）。

这一时期，资产阶级与工人阶级之间的矛盾加剧，社会问题凸显。在此背景下，一些先驱者开始探索通过商业行为来支持公益事业和公共建设的模式。其中，罗伯特·欧文在18世纪末的新拉纳克村开办的商店被视为社会企业的早期雏形。他出售物美价廉的商品，既满足了当地村民的需求，又保持了盈利，并将部分利润用于支持村里的学校建设。1844年，英国兰开夏郡的工人们在罗奇代尔小镇的蛤蟆巷创建了"罗奇代尔公平先锋社"，这是世界上第一家合作社，也是英国社会企业的发源地。先锋社倡导工人们自助、互助，共同购买生活用品，展现了社会企业合作与共享的精神。

在美国，社会企业最早出现于20世纪六七十年代，其出现与社会危机有关，旨在弥补政府与NGO机构在社会问题上的不足和缺失。社会企业作为创新思维的商业模式，通过市场机制调动社会力量，将商业策略最大程度运用于改善人类和环境生存条件。在英国，20世纪90年代社会企业得到快速发展，经济学家蒂埃里·让泰提出，社会企业是既利用市场资源，又利用非市场资源以使低技术工人重返工作岗位的组织。从社会企业的历史使命中不难看出，社会企业是一种具有公益性的社会组织。社会企业借助成功的商业模式，更多地依靠本身盈利来维持组织的生存、发展和完成公益服务使命。

英国是世界上社会企业的创始地，也是社会企业最活跃的国家。目前，英国拥有社会企业的数量已超过7万家，工作人员达到了100万，其中参与社区、社会服务及照顾老年人的社会企业占到了36%。2012年的调查数据显示，英国社会企业的生产总值在英国的GDP中占了很大的比重，大概是240亿英镑，占1.5%，与餐饮业的比重相当。而且，2008年以来，受经济危机的影响，英国各个部门、行业皆受金融危机冲击而狼狈不堪，英国的社会企业却凭其优异的表现而一枝独秀。[1] 英国规定，社会企业一般具有五大特征：一是必须具备社会目标，二是结合成功的商业模式，三是坚持资产锁定原则，四是关注个人发展，五是以自治为组织管理的主要模式。[2]

---

[1]　江海波. 英国社会企业不衰的秘密[EB/OL]. (2012-12-05) [2024-10-21]. http：//finance. sina. com. cn/world/ozjj/20121205/234913909829. shtml.

[2]　英国社会企业的特征、经验及启示[EB/OL]. (2023-08-07) [2024-10-20]. https：//wendang. chazidian. com/lunwen-110775/.

Well and Wise in Camden 是英国社会企业的典型代表之一。它成立于 2002 年，是伦敦卡姆登地区的一个健康生活中心，该中心规定，社区 55 周岁以上的老年人都是健康生活中心的服务对象。健康生活中心的资金来源主要是市议会和新基金会组织，此外还有从其他信托基金和一般的筹款活动中获得的资金，该组织与包括社会服务中心、社区中心、长者及长者联络委员会论坛等其他社会组织建立了协作关系，通过向这些社会组织提供专业的设备、设施，来弥补其他机构在发展中存在的漏洞，提高这些机构的工作效能，从而进一步扩大老年人服务项目。

日本社会企业的起源与发展可以追溯到多个方面，包括市民社会的兴起、政府部门的推动以及市场部门的参与。日本社会企业的兴起受到市民社会人士的广泛关注与参与。早在 2000 年，学生创业领袖宫城治男就发起成立了 NPO 法人·ETIC.，这是一项旨在聚集各界力量以支援年轻人的社会创新活动。这一举措标志着日本社会企业运动的初步兴起。随后，学者出身的田坂广志等人于 2003 年创设了"日本社会企业家论坛"，并发布了《社会企业家宣言》，进一步推动了社会企业家网络的构建。政府在日本社会企业的发展过程中也起到了重要的推动作用。2005 年，小泉内阁提出"从官到民"的改革方针，推动了以民营化和公共服务外包为核心的结构性改革，从而构建起具有日本特色的政府购买服务制度体系。这一制度为社会企业提供了财务可持续性的重要途径。20 世纪 80 年代，以丰田为代表的日本大企业开始接触并引入企业社会责任（CSR）理念。随着 CSR 理念向"战略型 CSR"和"创造共享价值"（CSV）理念转变，不少日本企业开始尝试通过创新方式实现盈利创收与社会价值创造的平衡，从而直接蜕变为社会企业。

1975 年以来，日本"守护大地协会"以签约会员的形式，将农业生产者和农产品消费者联为一体，消费者为了获得更健康安全的食物，与农民共同承担生产风险，分享收益，到 2011 年日本大地守护协会的大地宅配公司已发展成有 2500 个生产会员、9.1 万个消费会员、年营业额达 150 多亿日元的庞大组织。截至 2014 年，日本社会企业数量已突破 20 万家，其附加产值高达 16 万亿日元（占 GDP 的 3.3%），全职领薪人员多达 577.6 万人。① 这些数据表明，日本社会企业

---

　　① 俞祖成. 日本社会企业：起源动因、内涵嬗变与行动框架［J］. 中国行政管理，2017（5）：139-143.

在数量和规模上均实现了快速增长。日本社会企业的业务范围涵盖了教育、环保、健康、养老等多个领域。它们通过创新商业模式和可持续运营方式，实现了自我造血和可持续发展。同时，社会企业的组织形态也呈现出多样化的特点，包括非营利组织（NPO）与企业相结合的混合形态等。

韩国是亚洲唯一的一个以法律形式支持社会企业发展的国家，韩国政府自2007年起便积极推动社会企业的发展，通过制定和实施相关政策来支持和促进这一领域的发展。其中，2007年《社会企业育成法》的出台，标志着韩国在法律层面对社会企业给予了正式认可和支持。该法律不仅明确了社会企业的定义和分类，还为社会企业提供了包括财政补贴、税收优惠、融资支持在内的多项扶持政策。

三、公益团体

公益组织，顾名思义是以公益为宗旨的非营利性组织。公益组织起源于慈善机构，是以人道主义救援和贫民救济活动为主要事务的公益性机构。一般意义上的公益组织，是指那些非政府的、不把利润最大化当作首要目标，且以社会公益事业为主要追求目标的社会组织。20世纪70年代以来，随着西方国家的福利社会化改革，公益组织呈现出快速发展趋势。1975年，世界妇女大会在墨西哥城召开时，仅有144个NGO参加，而到1985年第四次世界妇女大会在北京召开时，世界NGO组织已经增加到了3000个，有30000多人出席了NGO论坛。国际红十字会是全世界上规模最庞大、最有影响力的公益慈善组织，该组织于1863年在日内瓦创立，2015年国际红会十字会改善了3130万人的水和卫生设施，向1300万人提供食物等基本援助，提供了290万次健康咨询。

在国外，公益组织提供的养老服务占社会养老服务中的主要部分。德国60%以上的居家养老服务是由社会组织提供的，美国社会组织所提供的居家养老服务占服务总量的56%。在日本，各类型的社会组织承担了社会所提供的80%以上各项养老服务。美国公益事业很发达，Capitol Hill Group Ministry 是一家社区公益组织，主要承担着为无家可归的人员提供餐饮、洗澡及上网搜索就业信息等免费服务。美国乐施会（Oxfam）的初衷是解决饥饿问题，现在其负责领域涉及教育、卫生、环保、HIV 等。Goodwill Industries 为残疾人、缺乏技能人员提供工作培训和就业服务的开展情况。

从 20 世纪 90 年代中后期开始，日本社会公益组织大量涌现，据统计，截至 1996 年 10 月 1 日，经政府认证的公益法人共有 2698 万个，其中 6815 个为全国性组织。日本在 1997 年和 1998 年先后出台了有关养老的两部法律，即《护理保险法》和《特定非营利活动促进法（NPO）》，大大促进了日本非营利组织的形成和发展，"铃之会"就是日本公益团体参与社会养老服务的一个代表性社会组织。该组织是由当地社区或附近地区的老居民构成的联合性网络组织，"铃之会"与当地的社会福利组织、自治协会、儿童委员会及各种地域性居民组织合作，形成覆盖当地社区的互助关系网络，为该地区的高龄老人和残障人士等特殊群体提供各种服务。

第二节　国外民政工作社会化的参与内容

民政工作的核心内容包括资金筹集、服务提供、监督管理以及绩效评估，在国外民政工作社会化的过程中，个人、社会企业和公益团体不同程度地参与了上述民政工作的诸多方面，具体表现如下：

一、资金筹集

在资金筹集方面，传统的民政工作支出由政府大包大揽，而随着经济和社会力量等的发展，民政工作的资金来源呈现出多元化的发展趋势。一方面，政府财政资助仍然发挥着至关重要的引导和支持作用，例如，在德国和法国，政府拨款占其非营利部门总收入的 2/3 左右，显示出政府在这些国家民政工作中的重要作用。另一方面，越来越多的公民个人、非正式组织等参与了资金的筹集工作。

从世界范围来看，社会组织主要通过政府资助、慈善捐赠、经营性收入三种途径获取资金，但上述三种资金来源对各国社会组织的重要性不尽相同；尤其是从发达国家社会组织运行费用来源来看，虽然服务收费和私人捐赠扮演着日益重要的作用，但是来自公共部门支持的资金仍然占相当比重。例如，美国社会组织运行费用中来自政府资助的资金占总投入的 38%，在居家照顾中，政府资助的资金所占比例已经达到了 50%，服务收费及会费占总收入的 29.6%，捐赠收入占 21.3%。

德国拥有大量的慈善机构和基金会，它们在各个领域发挥着重要作用。这些机构不仅数量众多，而且规模庞大，拥有广泛的资源和影响力。德国的慈善捐赠总额持续增长，显示出社会力量对慈善事业的积极支持。捐赠资金不仅来自个人，还来自企业、基金会等多个渠道。德国政府也通过税收政策激励慈善捐赠，例如，对慈善组织和捐赠者实施税收优惠，从而鼓励更多的人和企业参与慈善事业。在财政上，80%~90%的慈善机构是由政府和保险公司支撑，捐赠和集资只占到其资金来源的 3%。

英国民政工作的资金来源及其规模是一个复杂且多维度的问题，涉及多个方面，包括政府拨款、税收收入、慈善捐赠、社会组织资助以及个人捐款等。其中，借助来自基金会的支持和帮助资金来开办社会企业是英国目前采用的最主要的方式，而社会企业家个人筹集资金也是社会企业运行的重要来源。个人筹集资金包括但不限于个人资金的投入，还包括场地的提供、设备的购置，同时这部分资金也不仅限于社会企业家本人的捐赠，也包括通过各种途径获得来自朋友、社会、慈善组织及公益人士的捐赠。

二、服务提供

不同国家民政服务提供的方式尽管有差异，但也存在明显的共性，即政府直接提供、公私合作模式、社区和志愿服务、慈善机构与基金会参与以及借助科技手段提供服务，是绝大多数国家共同采用的方式。一是许多国家通过政府部门直接提供民政服务，如社会保障、社会福利、家庭救助、青少年保护、老年照护等。这些服务通常由政府设立的相关机构或部门负责，确保服务的普及性和公正性。二是一些国家采用公私合作模式来提供民政服务，通过引入私营部门的专业技术和管理经验，提高服务效率和质量。政府与私营部门签订合作协议，共同承担服务提供的责任和风险。三是社区和志愿服务在民政服务中发挥着重要作用。社区组织、非营利机构和志愿者通过组织各种活动、提供志愿服务等方式，为弱势群体提供必要的支持和帮助。这种方式有助于增强社区凝聚力，促进社会和谐。四是慈善机构和基金会是国外民政服务的重要提供者之一。它们通过募捐、赞助等方式筹集资金，为各种社会公益项目提供支持。这些机构通常具有独立的运营和管理机制，能够灵活应对不同社会群体的需求。五是随着科技的发展，许多国家开始利用信息技术手段来提供民政服务。例如，通过建立在线服务平台、开发移动应用程序等方式，公众能够更方便地获取服务信息、提交申请和查询进度。这有助于提高服务效率，降低服务成本。

德国政府通过各级政府部门直接提供民政服务，包括社会福利、社会保障、家庭救助、青少年服务、老年养护、残障人士服务等多个领域。在公共服务市场化过程中，德国采取保守态度，但也会通过契约合同和竞争性招标的方式，支持私营部门分担政府部分职能。这种公私合作模式有助于提高服务效率和质量，同时减轻政府财政负担。德国拥有大量的慈善机构和基金会，它们在民政服务中发挥着重要作用。这些机构通过募捐、赞助等方式筹集资金，为弱势群体提供必要的支持和帮助。德国社区和志愿者在民政服务中也扮演着重要角色。他们通过组织各种活动、提供志愿服务等方式，积极参与社会福利和公益事业，为改善社区环境、促进社会和谐贡献力量。

日本政府通过各级政府部门直接提供包括社会保障、社会福利、家庭救助、青少年保护、老年照护等在内的多项民政服务。这些服务确保了国民的基本生活需求得到满足，并体现了政府在社会福利方面的责任。在日本，非营利组织在民政服务中发挥着重要作用。这些组织通过公益性或志愿性活动，直接提供公共产品或服务，特别是在老年福利、环境保护等领域。例如，许多NPO法人从事老年福利活动，为独居老人或老年夫妇家庭提供看护、确认平安等服务，以防止孤独死的情况发生。此外，NPO还积极参与环境保护事业，增强国民凝聚力。日本政府还通过市场化机制，以政府购买的形式向公众提供公共产品或服务。非营利组织在参与公共服务供给过程中，其维持自身运营的收入主要包括等价收入和非等价收入两部分。从政府部门获取的等价收入占比约为70%，这使得非营利组织能够通过市场化的方式参与公共服务供给。尽管日本在公共服务市场化过程中采取保守态度，但也会通过契约合同和竞争性招标的方式，支持私营部门分担政府部分职能。这种公私合作模式有助于提高服务效率和质量，同时减轻政府财政负担。社区组织和志愿者在日本的民政服务中也扮演着重要角色。他们通过组织各种活动、提供志愿服务等方式，为社区居民提供必要的支持和帮助。这种方式有助于增强社区凝聚力，促进社区和谐。

美国各级政府(联邦、州、地方)直接提供包括教育、医疗、社会保障等在内的多项公共服务。这些服务旨在满足公民的基本需求,如教育公平、健康保障和社会福利等。在面对自然灾害、公共卫生事件等紧急情况时,美国政府会迅速启动应急响应机制,提供救援、疏散、重建等服务。例如,在山火高发季节,政府机构会部署红外相机和人工智能系统来快速识别火情,调配资源进行救援。通过外包方式购买社会服务是美国民政服务的又一种方式,以期实现更加市场化的运作。这种外包方式包括与非营利组织、营利组织签订合同,由这些组织提供具体的服务,政府则根据服务结果支付费用。这种模式在医疗、教育、住房等领域都有广泛应用。在美国,政府还与其他机构、高校等建立合作关系,共同应对复杂的社会问题。例如,加州森林及防火局与某高校联盟合作,在火灾高发区部署了由人工智能红外相机组成的网络,以快速识别并响应火情。随着科技进步和信息化发展,美国政府正积极推动数字化转型,利用数字技术提升服务效率和质量。例如,通过在线平台提供申请、审批等政务服务,减少公民和企业的等待时间。政府还部署了新型人工智能技术,如生成式 AI,以优化政民和政企互动体验,自动执行报告生成等行政任务。

三、监督管理与绩效评估

在监督管理和绩效评估方面,西方发达国家普遍建立了一套完整的评估体系,对社会组织提供和管理养老服务的过程和绩效进行评价与监督,并以此来对社会组织的参与进行绩效评估,有效保障了服务的质量和政府购买服务的效果。

(一)民政工作社会化的监督管理

国外民政工作社会化的监督管理是一个复杂而多元的系统,涉及政府、社会组织、公民个人等多个层面的参与和互动。

1. 政府层面的监督与管理

一是注重监督管理的法律法规建设。各国政府通过制定和完善相关法律法规,为民政工作社会化提供法律保障。这些法律明确了社会组织的法律地位、权利义务、监督机制等,确保其在法律框架内有序运行。例如,英国早在 1601 年就颁布了世界上第一部规范慈善事业的法律——《慈善用途法》,并在后续不断修订和完善相关法律体系。

二是设立监督管理的行政监察机构。许多国家在政府部门内部设立专门的行政监察机构，负责对民政工作社会化的实施情况进行监督和检查。这些机构通常具有独立的调查权和监督权，能够确保监督工作的公正性和有效性。例如，美国设立监察长制度，由总统根据参议院的建议和同意任命监察长，对包括民政工作在内的政府各部门进行监督和审计。

三是提升信息公开与透明度。政府通过提高信息公开度和透明度，保障公众对民政工作社会化的知情权和监督权。这有助于增强公众对政府的信任和支持，促进民政工作的顺利开展。例如，巴西政府致力于通过政务公开来建立更为透明的政府，鼓励公民社会组织积极批评和监督政府工作。

2. 社会组织层面的自我监督与管理

一是加强内部治理机制建设。社会组织通过建立健全内部治理机制，如理事会、监事会等，实现自我监督和管理。这些机制能够确保社会组织在决策、执行、监督等各个环节都遵循法律法规和章程规定。例如，美国非营利组织的组织结构一般分为董事会、执行总裁和雇员三个层次，董事会负责监督执行总裁的工作，确保组织目标的实现。

二是加强行业自律机制建设。行业协会等社会组织在推动行业自律方面发挥着重要作用。它们通过制定行业规范、开展行业评估、加强行业交流等方式，促进社会组织之间的良性竞争和共同发展。

3. 公民参与民政服务的监督

一是拓展公众参与渠道。各国政府通过设立公众咨询委员会、听证会、在线平台等多种渠道，鼓励公民参与民政工作社会化的决策和监督过程。这有助于增强公民的责任感和归属感，提高民政工作的民主化和科学化水平。例如，美国政府在城市规划过程中广泛吸纳公众意见，维护公众在决策过程中的参与权和监督权。

二是加强媒体监督。媒体作为社会监督的重要力量，在揭露问题、曝光违法行为等方面发挥着不可替代的作用。各国政府通常重视与媒体的沟通和合作，共同推动民政工作社会化的健康发展。

4. 国际合作与交流

在全球化背景下，各国政府在民政工作社会化方面加强国际合作与交流，共同分享经验、探讨问题、寻求解决方案。这有助于推动全球民政工作社会化的共同进步和发展。

(二)民政工作社会化的绩效评估

西方发达国家对养老服务的质量评价指标体系普遍以服务结果指标体系为主,评估指标具体包括服务投入产出的比率、服务接受者的满意程度、服务质量等方面。根据评估结果,政府将购买服务的财政资助额度与社会组织提供服务的效率、水平和质量相匹配,对承接服务的社会组织进行奖惩并决定其是否退出。另外,他们在民政工作绩效评估方面建立了第三方评估机制,第三方的评价主体一般为专业的评价机构和研究所,主要职责包括制定指标体系、设计评估标准、组织评估及分析评估结果等。

民政工作社会化的效果,主要集中在以下几个方面:

一是社会组织参与度逐步提升。随着民政工作社会化的推进,越来越多的社会组织参与到社会救助、社会福利、养老服务、慈善事业等领域中。这些社会组织通过提供专业服务、开展公益活动等方式,有效弥补了政府服务的不足,增强了社会服务的供给能力。

二是民政服务覆盖面不断扩大。民政工作社会化促进了服务对象的广泛覆盖。无论是城市还是农村,无论是老年人、残疾人还是儿童等特殊群体,都能享受到更加全面、更加便捷的社会服务。这不仅提高了民生保障水平,也促进了社会公平正义的实现。

三是民政服务的质量得以提升。社会组织的参与带来了专业化和多元化的服务方式。引入市场竞争机制,促进了服务提供者之间的竞争与合作,从而提高了服务质量和效率。同时,社会组织还注重服务对象的个性化需求,提供了更加贴心、更加精准的服务。

四是社会治理的能力不断增强。民政工作社会化也是社会治理创新的重要体现。政府与社会组织的合作共治,推动了社会治理体系的完善和社会治理能力的提升。这种治理模式有助于形成政府主导、社会协同、公众参与的良好局面,促进了社会的和谐稳定。

尽管民政工作社会化取得了显著成效,但仍存在一些问题和挑战。例如,一些社会组织在参与民政工作时存在不规范、不透明的现象，容易引发社会质疑和误解；一些社会组织在组织建设和能力建设方面仍然存在薄弱环节，导致服务质量和效率有待提高。因此，未来需要加强对社会组织的监管和指导，规范其活动行为，提高其社会责任感和公信力。同时，还需要加大对社会组织的政策支持和经费资助力度，促进其健康发展和持续进步。

第三节　国外民政工作社会化的参与机制

总体而言，民政工作的实现机制有政府行政干预机制、市场机制和公益志愿机制。三种实现机制中的核心差异，源于不同参与主体在民政工作提供中所承担的角色和责任不同。

一、行政机制：本质要求

民政工作社会化的政府干预机制是一个复杂而系统的过程，旨在通过政府的有效引导和监管，促进社会组织在民政领域的积极参与和健康发展。政府行政部门对民政工作社会化的干预，主要通过以下几个方面加以体现：

一是加强政策引导与法规建设。政府通过制定一系列鼓励和支持社会组织参与民政工作的政策，明确社会组织的地位、作用、权利和义务，为社会组织的发展提供政策保障。政府建立健全与民政工作社会化相关的法律法规体系，规范社会组织的行为，保障其合法权益，同时加强对违法违规行为的惩处力度。

二是提供资金扶持与税收优惠。政府通过设立专项基金、提供补贴等方式，为社会组织参与民政工作提供必要的资金支持，降低其运营成本，提高其服务能力。同时，对社会组织在税收方面给予一定的优惠政策，如减免所得税、增值税等，以鼓励其更多地投入民政事业中来。

三是加强民政工作社会化的监督管理与绩效评估。一方面，建立民政工作社会化的监管机制。政府建立健全对社会组织的监管机制，包括日常监管、年度检查、专项审计等，确保社会组织依法依规开展活动，防止出现违法违规行为。另一方面，开展民政工作社会化的绩效评估。政府定期对社会组织参与民政工作的绩效进行评估，评估结果作为政府支持社会组织的重要依据。绩效评估可以激励社会组织不断提高服务质量和效率。

四是建立健全信息共享与合作机制。一方面，建立信息共享平台。政府建立信息共享平台，将民政工作的相关信息及时向社会公布，方便社会组织了解政策动态和服务需求。同时，鼓励社会组织之间建立信息共享机制，促进资源互补和合作共赢。另一方面，政府加强与社会组织之间的合作与协调，共同解决民政工作中遇到的问题和挑战。政府通过购买服务、项目合作等方式，引导社会组织积极参与民政工作。

五是大力培育与发展社会组织。一方面，政府加强社会组织能力建设。政府通过培训、指导等方式，加强社会组织的能力建设，提高其组织管理和服务水平。同时，鼓励社会组织之间开展交流与合作，共同提升行业整体水平。另一方面，政府推动社会组织不断创新发展。政府鼓励社会组织在服务模式、服务内容等方面进行创新尝试，以满足人民群众日益增长的多元化需求，通过创新发展，推动社会组织在民政领域发挥更大作用。

综上所述，民政工作社会化的政府干预机制是一个全方位、多层次的体系。通过政策引导、资金扶持、监管评估、信息共享与合作以及社会组织培育与发展等措施的有机结合，政府可以有效促进社会组织在民政领域的积极参与和健康发展，进而提升民政工作的整体效能和服务水平。

二、市场机制：参与动力

市场机制的本质是价格机制，是指通过市场竞争由市场价格的变化来实现供给与需求的自我平衡和资源配置的效率。社会资本参与公共服务的根本动力是逐利，因此，鼓励社会组织参与民政服务的根本出路是为社会资本留出利润空间。"放权—让利—服务"是鼓励社会资本积极参与民政服务的重要举措。

但是，民政工作由于具有公共产品属性，很难通过完全的市场机制来实现，在民政工作社会化的早期更是如此。因此，政府在民政工作社会化过程中，仍然扮演着重要的角色。以养老服务为例，从国外的实践经验来看，政府不再是传统意义上的养老服务的直接提供方，而是通过建立"准市场机制"将养老服务供给职能让渡给志愿组织和私营部门，政府只在管理和资金等方面充当引导者和支持者。所谓"准市场"机制，主要是政府以"国有私营"和"私有私营"这两种方式鼓励社会力量参与到养老服务中来。

2010年，英国提出"大社会"计划，拿出10亿英镑培育社会组织和社会型企业，进一步加强社区在公共服务中的作用。目前，英国政府每年用于采购公共服务的资金高达2360亿英镑，其中约11%的公共服务合同由社会企业与慈善组织执行。在美国，市场机制参与了公共服务提供的诸多方面，如监狱管理、治安消防、公共教育、公共卫生、社会福利救济等。20世纪80年代以来，美国形成了以市场化手段运作的"养老社区"模式。所谓"养老社区"是指可以为老年人提供各种社区养老服务的住宅区，包括护理院、老年公寓、独立社区和养老城镇。其中除了部分是"自然形成养老社区"外，还存在一部分是"专门建设的养老社区"，这些专门建设的养老社区，主要是由政府部门规划建设或由房地产商人开发的。

20世纪90年代末期，美国国防外包项目DEEPWATER亦是美国在公共服务中引入公私伙伴关系的一次巨大探索，它是由包括船舶、飞机、指挥、管控、通信、计算机、情报、监视、侦察等独立系统构成的海岸警卫队最大的合同外包项目。

三、公益机制：大公益与小公益

公益力量自古以来都是提供民政服务的重要力量。所谓公益机制就是通过公益组织和具有公益心的个人，通过志愿服务、免费或微利服务的方式，向民政对象提供民政服务的一种实现机制。随着社会经济的发展，全球公益事业已经进入"大公益时代"。大公益不是仅指公益服务的对象更加广泛，公益力量参与的服务更加健全，更为重要的是，参与公益事业的力量更加广泛，不仅指已经实际参与公益事业的公益组织和公益个人，还指公益之心的培育。

英国采用"社区照顾"的形式解决社区服务需求。公益组织通过政府购买服务的方式为社区居民提供社区服务。该模式始于20世纪50年代，到20世纪70年代，在英国各地已经相当普及。以社区养老服务为例，英国公益慈善参与社区老年服务提供有三大特点：一是由专业社会工作者与照顾员相结合。照顾员多是老人的邻居或亲戚，大多数兼职参与；二是服务内容全面。既包括为健康老年人提供的各种社区养老服务、老年人公寓服务、托老服务，也包括为失能、半失能老年人提供的院舍式的收养与护理服务；三是监管体系健全。政府通过"契约"

采用"政府购买"的方式，把本应由政府承担的公共服务转交给社会公益慈善组织，并建立严格的准入条件和监督管理制度。

美国实行"自下而上"的社区管理模式。社区主导、居民积极参与、政府不直接干预，其主要做法主要有三点：一是培育非营利组织，政府购买服务，以3%的税收优惠鼓励社会组织捐助；二是十分注重引导宗教慈善力量参与；三是支持志愿者参与。政府和社会采取各种积极措施促进志愿事业发展，如青少年是否参加志愿活动被纳入升学、提供奖学金、减免学费的硬指标，志愿服务200个小时被作为大学录取的必要条件。一些高等学校还将参加社区服务列为必修课，规定学生一年至少要有600个小时的志愿者服务记录才允许毕业。企业在招聘新员工的时候，很注重应聘者的社会志愿服务记录。每年的4月会举办"美国志愿者活动周"，表彰年度对志愿活动有杰出贡献的各界人士。

第四节 社会化实践中政府与社会的关系

长期以来，国家管理机构在各项民政工作中长期扮演着"掌舵"和"划桨"的双重角色，由此也衍生出了管理危机、人员冗杂和财政吃紧等问题。不同国家情况类似，只是面临上述问题的阶段和严重程度不同，仅此而已。20世纪70年代以后，随着新公共管理运动的发展，投资型政府、企业型政府和服务型政府等新的管理理念相继被提出并被广泛应用于西方国家的政府管理改革实践。社会组织开始逐渐承接部分政府职能，成为推动社会发展的又一大力量，政府与社会的关系亦发生了质的变化。

一、政府的责任边界

政府的责任边界并不是一成不变的，而是随着社会经济甚至文化环境的发展变化，而呈现出动态调整趋势。不同国家政府责任边界的扩大与缩小，呈现出该国民政工作不同的社会化发展趋势。由于在西方国家，民政工作的核心内容是社会福利的提供，而社会福利的核心又在于社会保障制度的建立健全。因此，西方国家民政工作社会化中政府责任边界的变化，主要体现在政府在社会保障制度建设中责任的不断变化。

　　政府正式介入社会保障制度，起始于 17 世纪初期。1601 年英国《济贫法》（旧济贫法）的颁布，是政府正式介入社会保障制度的标志。然而，这次的介入并非促进了民政工作的社会化发展，而是一种反社会化。因为民政工作社会化的核心是社会力量的参与，《济贫法》是针对穷人救济的制度安排，在《济贫法》颁布之前，穷人救济主要由教会和民间救济来实现，而《济贫法》是"宗教慈善"向"官办慈善"转型的标志。但是，这并不意味着整个 17 世纪是一种反社会化的世纪。恰恰相反，17 世纪至 19 世纪 80 年代初期，是一段追求"夜警国家"和"小政府，大社会"的时期，政府承担"守夜人"角色，主要承担国防、公安、税收等公共事务。这与近代国家形态的基本理念有关，即国家权力源于公民权利的让渡。

　　19 世纪末期至 20 世纪 70 年代是政府全面介入社会福利事业的时期，也是民政工作的反社会化发展时期。但是在这个时期中不同的时间阶段里，政府参与社会福利事业的程度是不同的。在 19 世纪末期，随着工业革命的快速发展，资本主义社会开始向垄断资本主义社会过渡，社会过度集中，社会分化加剧，保护弱势群体的"生存权"成为 19 世纪末期至 20 世纪初期政府介入社会福利事业的主要目标。20 世纪 20 年代末期发生的世界性经济危机，是政府全面介入社会福利事业的标志。凯恩斯国家干预主义为政府全面介入社会福利事业提供了重要的理论支撑。20 世纪 40 年代末期至 20 世纪 70 年代初期，是西方国家政府全面介入社会福利事业的顶峰时期。1948 年英国率先宣布建成世界上第一个"福利国家"，英国建立起从"摇篮"到"坟墓"的社会福利体系，并成为欧洲多数国家效仿的对象。民政工作的"政府化"发展到顶峰。

　　20 世纪 70 年代至今，是西方国家从"福利国家"向"福利社会"转型的时期，也是民政工作社会化快速发展的时期。20 世纪 70 年代末期和 20 世纪 80 年代初期的两次石油危机，让西方国家意识到过高的社会福利，不仅会导致财政负担不堪重负，也会导致经济效率的下降。明确政府的责任边界，鼓励社会力量广泛参与社会福利事业，成为这一时期西方国家政府行政管理模式改革的基本趋势。随着新公共管理运动的兴起，"投资型政府""企业型政府"和"服务型政府"等理念得到广泛传播，"福利国家"逐步向"福利多元主义"转型，社会福利事业社会化趋势日益凸显。

　　纵观西方国家政府责任边界的演变历史，不难发现其中的规律：一是政府责任边界不是一成不变的，而是处于不断的动态调整之中。政府责任边界的变化与该国社会经济发展阶段以及文化环境的变化存在密切的关系，理论发展为政府责任边界的确定提供了重要支撑；二是在不同的国家，政府引入市场力量的时期是不同的。如20世纪90年代以来，拉美地区以及东欧地区才逐步引入市场力量，而有些国家到现在才刚开始引入市场力量；三是不同的政府责任边界，所导致的社会经济发展结果是不同的。如美国模式即由市场力量主导的社会保障制度在经济增长中发挥了积极作用，而政府直接管理的欧洲模式却导致了政府财政的沉重负担；四是社会福利社会化改革，并不意味着政府不承担责任或减少责任，而是政府责任边界的明晰化。

20世纪70年代以来的"福利社会化"发展过程中，政府的责任边界主要集中在以下几个方面：

一是加强立法工作。立法先行是西方发达国家社会福利制度发展的典型特征和基本经验。以1883年德国率先颁布《疾病社会保险法》为标志，现代社会保险制度逐步走向法治化发展轨道，美国1935年《社会保障法案》的颁布，又标志着社会保障一词的正式出现，也成为西方国家社会保障发展历史上的标志性事件。1938年日本颁布了《国民健康保险法》，英国1946年制定了《社会保障法案》。

二是加强弱势群体保护。20世纪70年代以来的福利社会化改革实践表明，政府对弱势群体的保障力度，不是削弱了而是加强了。如美国政府针对弱势群体的医疗救助制度，即Medicaid，无论是救助对象和救助范围，还是救助标准和水平，都呈现出政府责任逐步扩大的趋势。

三是鼓励市场力量参与。提供税收优惠是西方国家鼓励市场力量参与社会福利事业建设的重要途径。如瑞典政府对居民居家养老服务实行税收优惠政策；再如美国联邦税法规定，非营利社会组织可以免交所得税。税收优惠政策，不仅仅是政府的一种责任，而且起到了激励市场提供更加全面的养老服务需求的作用。如为高收入群体提供额外的居家养老服务。

四是提供财政兜底责任。引入市场力量，并不能解决一切问题。同时，引入市场力量也会存在一定的风险。以智利的养老金私营化改革为例，政府为智利养老金市场化运营失败承担财政兜底的责任。

五是做好监督管理工作。做好监督管理工作，是政府的重要职责之一。尽管随着福利社会化的发展，引入外部监督力量，即多中心治理已经成为一种重要趋势。但是，政府的监督管理仍然是政府行政的基本职能。在美国，大力发展商业保险是美国政府解决美国公民的养老和医疗问题的主要做法。政府除了提供税收减免和优惠政策之外，加强市场监管始终是政府的重要职责。智利和新加坡在引入市场力量介入社会保障领域过程中，监督责任仍然是政府的主要职责。

二、社会组织的作用

社会组织是一个种类繁多、内涵十分丰富的概念，就其称谓而言，包括非营利组织、社会企业、第三部门、NGO、民间组织、社会团体等。新加坡的社会组织涵盖 20 多种，包括宗教团体、老年团体、福利团体、互助团体、武术团体和国际团体等。日本的社会组织有九种法律形式，包括市民社团、公益法人团体、社会福利法人团体、医疗法人团体和公益信托基金等。不同的社会组织在一个国家的社会经济发展中所起到的作用不同，某一类社会组织尽管所处的国别环境不同，但其作用大同小异。

从社会组织的分类来看，包括以营利为主要目标的社会组织和以非营利为目标的社会组织两种类别。前者以商营部门为主，后者以公益慈善组织为主。20世纪 70 年代以来的福利社会化改革，既为商营部门参与社会福利事业提供了契机，又为慈善公益组织参与社会福利事业提供了重要平台。由于社会福利事业大多是公共事业，因此商营部门尽管获得了一定的发展机会，但更多的是以公益慈善组织参与社会福利服务为主。从社会组织管理归属来看，社会组织包括官办的社会组织和民办的社会组织。有的国家官办社会组织占据绝对地位，如日本大多数社会组织是由官办社会组织或执行政府活动的社会组织；有的国家的社会组织，大多是由民间力量创办的，如美国大多数服务性公益组织都是由民间力量创办的。

社会组织是社会福利事业社会化的重要参与主体。从社会组织作用的历史演变来看，社会组织在社会福利事业发展中的作用与政府的责任边界呈现出"此消彼长"的关系。在 17 世纪以前，英国的社会组织（主要是宗教团体和民间团体）在灾民救济、慈善事业中发挥着主导作用，而政府则很少参与这些领域。然而随着《济贫法》（旧济贫法）的颁布，政府正式开始介入贫民救济领域，社会组织的作用则被"挤出"。美国的社会组织起始于17世纪初期的殖民地时期，主要从事慈善事业。19世纪是美国社会组织得到蓬勃发展和规范发展时期。20世纪30年代，世界性经济危机发生，政府的积极干预对社会组织参与社会事务产生了"挤出效应"，社会组织主要从事政府购买服务的活动。

社会组织参与社会事务，不仅与社会组织的类型有关系，也与国家社会政策导向、经济发展阶段、社会发展环境以及文化传统有关。总体来看，社会组织在一个国家社会福利事业发展中的作用，主要体现在以下几个方面：

一是提供公共服务。这一作用在不同的国家，社会组织提供公共服务的类型和数量是不同的。美国的社会组织主要从事高等教育、卫生保健和社会福利等公共服务。英国的社会组织在公益慈善领域发挥着重要作用。新加坡社会组织提供的公共服务包括家庭、社区等在内的医疗、护理等多个方面的公共服务。

二是推动民主化进程。这一作用在拉美地区表现得更为明显。社会组织促进拉美地区的民主化进程，主要通过两种途径：一是稳步推进选举民主。社会组织的作用，主要通过其影响力和渗透力，成为政治目标的宣传平台和推销载体。二是监督和制约政府的权力。社会组织监督和制约政府的权力，通过两种方式：一是参与各种听证会、讨论和评估政府的公共政策和预算项目等；二是通过集会、游行、罢工等活动，给政府施加压力，从而达到限制政府活动的目的。

三是参与社区治理。社会组织参与社区治理，主要通过其承担的政府与公众之间的"桥梁"作用来实现。一方面社会组织作为政府的"代理人"，可以利用其专业性和灵活性，广泛宣传国家的法律法规和政策，以促进国家政策的顺利推行；另一方面成为广大民众诉求表达的"代理人"，社会组织充分利用其"亲民性"特点，能够把广大民众的呼声和诉求及时地传达给管理部门。这种"双重代理人"身份，对促进政府与民众之间的对话起到了重要的"桥梁"作用，为社区治理提供了重要支撑。

第八章　民政工作社会化的近路：
基层民政能力建设

基础不牢，地动山摇。基层民政是中国民政事业的重要基础。这一方面是因为，民政工作的根基在基层，活力在基层，基层距离群众最近，基层是各级民政干部的前沿阵地；另一方面是因为，基层事务多、困难多、矛盾多，提升民政工作效率，根本在基层，难点在基层。因此，基层民政能力是民政工作能力建设的落脚点，是总体民政工作能力的直接体现，影响甚至决定民政工作的最终成效。加强基层民政能力建设，不仅是提升民政工作效率的关键环节，也是促进民政工作社会化的关键环节。

第一节　基层与基层民政能力的内涵

加强基层民政能力建设，必须搞清楚两个关键问题：一是什么是"基层"，基层在哪里？二是基层民政能力指的是什么能力，基层民政能力应该包括哪些方面的能力？只有弄清楚这两个问题，才能有针对性地采取措施，促进基层民政能力提升。

一、基层在哪里

要回答基层在哪里，首先要搞清楚什么是基层。《现代汉语词典》对"基层"的定义是：基层是各种组织中最低的一层，它跟群众的联系最直接。《辞海》对"基层"的定义是：建筑物的底层，引申指各种组织中最低的直接联系群众的一层。以上两个定义虽然表述不同，但共同点是：基层是一个组织系统中最下面的那一层。

"基层"一词第一次出现在党的政策文件中，是毛泽东"七大报告"中指出的"基层分子"，但是并没有明确指明基层分子到底是指哪些人。1978年，"基层"一词被写进《中华人民共和国宪法》，宪法明确指出"人民公社的人民代表大会和革命委员会是基层政权组织"，从国家政权体系中，基层政权指的是代表地方组织末梢的乡镇、社区和街道。

基层在哪里？其实，基层并不是一个固定的"地点"。从一般意义上来说，基层是组织系统中的最底层或最下面一层。那么，基层到底在哪里就由组织的层级和特点所决定。然而，由于组织的层级和特点是千差万别的，因此从宏观的方面来说，基层并不是一个固定的"地点"。例如，"新春走基层"中的基层是指最贴近群众生活的农家、边疆、厂矿、灾区、老区、牧区等。再如"鼓励大学生基层就业"中的基层是指有农业的区、县级人民政府驻地以下等地区，基层单位是指乡(镇)政府机关、农村学校、国有农(牧、林)场、农业技术推广站、畜牧兽医站、乡镇卫生院、计划生育服务站、乡镇文化站等。

《中国共产党章程》第五章在关于党的基层组织建设中指出：企业、农村、机关、学校、科研院所、街道社区、社会团体、社会中介组织、人民解放军连队和其他基层单位，凡是有正式党员三人以上的，都应当成立党的基层组织。因此，这里的基层党组织主要是上述各类社会组织中设立的基层党委会和党支部。

综上所述，基层是指组织系统中的最底层，基层并不是一个固定的地点，而是随着组织的层级与组织特点的不同而不同。基层是一个内涵十分丰富的概念，从政权建设和公共管理的角度来说，基层一般是指县级以及县级以下的政府机关(乡镇政府、工业园区委员会)、政府派出机构(居委会、村委会、街道等)以及承接公共服务或行政管理职能的代理机构(如业主委员会、专业合作社、种植业协会、老年人协会等)。他们的共同特点是距离群众的生产生活最近。基层的核心地带是乡镇机关。

二、基层民政能力指什么

基层民政能力的落脚点是"能力"，其载体是"人"。理解基层民政能力到底指什么，需要清楚三个问题：一是民政工作的基层在哪里，二是基层民政工作能力指的是谁的能力，三是能力指的是哪些方面的能力。

　　第一，民政工作的基层在哪里？根据前文分析，基层是指距离群众最近的组织管理层级。那么，民政工作的基层，就是指负责民政工作管理和服务的距离群众最近的组织管理层级。中国是一个典型的城乡二元结构社会，城市地区与农村地区的民政工作环境是明显不同的。因此，在城市民政工作中，基层是指地市级以上城市地区的社区居委会或街道委员会；在县级及以下民政工作中，基层是指县级及县级以下的乡镇机关、社区等。

　　第二，基层民政工作能力是谁的能力，基层民政工作由谁来负责？这是一个很难准确回答的问题。因为，对于不同的国家、不同的社会历史发展阶段，基层民政工作的责任主体并不相同。回顾历史不难发现，基层民政工作的责任主体与政府的责任边界呈现出"此消彼长"的关系，社会组织的积极参与会在一定程度上减轻政府的民政工作负担，而政府的积极干预又会"挤出"社会组织的发展空间。在"小政府，大社会"的古代社会，基层民政工作主要由社会组织，如宗教机构、民间团体负责，而在"福利国家"时代，基层民政工作主要地方行政机构负责，在当前的福利社会化时代，社会组织在基层民政工作中承担着日益重要的角色。

　　中华人民共和国基层民政工作的责任主体，也呈现出明显的阶段性特征。在20世纪90年代以前，基层民政工作的主要责任主体是社区居委会、街道委员会和县级及以下乡镇民政部门；20世纪90年代以后，社会组织、个人等积极参与基层民政事务，但主要责任在民政服务的提供。进入新的世纪，2000年国务院办公厅转发民政部等部门《关于加快实现社会福利社会化意见的通知》以后，社会力量参与基层民政工作的范围逐步扩大，参与民政工作的内容逐步增多，社会力量对基层民政工作的责任更加强化。

　　当前的基层民政工作，已经形成了由县级及以下乡镇民政部门为主导，由公益慈善组织、社会企业、村委会、协会等广泛参与、多元化的责任体系。因此，基层民政能力是指上述责任主体的总体工作能力，而不是某一参与主体的民政能力。

　　第三，基层民政能力指的是什么能力？回答这个问题，首先需要对能力有一个清晰的认识。能力是一个十分抽象的概念，也是一个多维度的概念。从能力的类型来看，它包括两个方面的能力：一方面是个人处理社会关系的能力，包括领导能力、组织能力、协调能力、监督管理能力、创新能力、服务能力、执行能力等多个方面；另一方面是蕴涵于每个个体内部的个人潜能，包括思考能力、理解能力、学习能力、身体健康程度等多个方面。个人潜能是个人处理社会关系的能力的基础，个人处理社会关系的能力是个人潜能的工作表现。

学术界对政府能力的认识并不统一，不同的学者站在不同的角度，可以得出不同的政府能力涵盖范围(见表8-1)。张立荣、李晓园在总结国内关于政府能力主要观点的基础上指出，县级政府能力包括规划能力、资源获取能力、执行能力以及危机管理能力等。[①] 上述政府能力的诸多观点和构成，并不是相互矛盾和冲突的，而是不同视角下的政府能力多元化的具体表现。

表8-1 政府能力构成的主要观点[②]

学者姓名	能力类型	能力构成	观点出处
王绍光、胡鞍钢	国家能力	汲取能力、调控能力、合法化能力、强制能力	《中国国家能力报告》，1993年
张国庆	政府能力	经济管理能力、政治和社会管理能力、行政组织管理能力	《公共行政学》，2000年
金太军	政府能力	社会抽取能力、社会规范能力、维持社会秩序能力、社会整合能力、维持社会公正能力、创新能力、宏观调控能力、自我更新能力	《行政改革与行政发展》，2003年
汪永成	政府能力	政府能力内部构成要素：人力、财力、权力、公信力、文化力、信息力、结构力。政府外显能力：典型的外显能力有秩序(维护)能力、危机管理能力、竞争能力、创新能力	《经济全球化与中国政府能力现代化》，2006年
李江涛	政府能力	财政能力、控制能力、协调能力、危机管理能力和组织动员能力	《论政府能力》，2002年

① 张立荣，李晓园. 县级政府公共服务能力结构的理论建构、实证检测及政策建议——基于湖北、江西两省的问卷调查与分析[J]. 中国行政管理，2010(5)：120-125.

② 本表资料来自：张立荣，李晓园. 县级政府公共服务能力结构的理论建构、实证检测及政策建议——基于湖北、江西两省的问卷调查与分析[J]. 中国行政管理，2010(5)：120-125.

续表

学者姓名	能力类型	能力构成	观点出处
周平	地方政府能力	规划发展能力、制度创新能力、资源配置能力、市场规制能力、提供公共产品和公共服务能力、组织协调能力、社会控制能力、人力资源开发能力、行政生态平衡能力、危机处置能力	《当代中国地方政府》，2007 年
张钢、徐贤春等	地方政府能力	资源获取能力、资源配置能力、资源整合能力、资源运用能力	《长江三角洲 16 个城市政府能力的比较研究》，2004 年

　　为加快乡镇政府职能转变，强化服务功能，健全服务机制，创新服务手段，增强服务意识，提升服务效能，进一步推进乡镇治理体系和治理能力现代化。2017 年 2 月 20 日，中共中央办公厅、国务院办公厅印发了《关于加强乡镇政府服务能力建设的意见》（下文简称"意见"）。力争到 2020 年，乡镇政府服务能力全面提升，服务内容更加丰富，服务方式更加便捷，服务体系更加完善，基本形成职能科学、运转有序、保障有力、服务高效、人民满意的乡镇政府服务管理体制机制。根据"意见"的基本精神，乡镇政府服务能力主要包括以下四个方面的能力：服务能力、资源配置能力、公共服务供给创新能力和组织保障能力。乡镇政府具体服务能力如图 8-1 所示。

　　很显然，县级政府和乡镇政府的服务能力与基层民政能力并不完全重合，从理论上来讲，县级政府和乡镇政府服务能力的范围要大于基层民政能力的范围。因为，在基层，除了民政事务之外，还有非民政性的行政事务，如社会保障管理、公共卫生管理、乡镇教育管理、乡镇基础设施建设等业务。

　　民政工作的本质是组织群众、服务群众的公共管理活动，同时面对不断出现的新问题、新矛盾、新需求，而且这些问题往往涉及不同的部门和单位，单靠政府一个部门的力量很难应对，而需要几个部门之间的协调，甚至要充分调动社会力量的广泛参与。这就要求，解决基层民政事务，需要具备一定的部门协调能力、工作创新能力、应急管理能力（见图 8-2）。因此，基层民政能力主要包括五个方面的能力：组织能力、服务能力、协调能力、应急能力和创新能力。

　　值得说明的问题是，基层民政五个方面的能力在处理民政事务中，并没有大

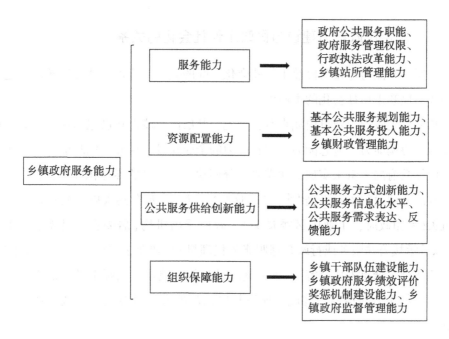

图 8-1 乡镇政府服务能力结构图

小或主次之分，而是每个方面的能力都非常重要或具有同等重要的作用。在基层民政工作实践中，基层民政五个方面能力分别针对不同方面的民政事务或社会问题，五个方面民政能力的协同作用，共同构成基层民政能力的总和，最终决定基层民政工作的效果。

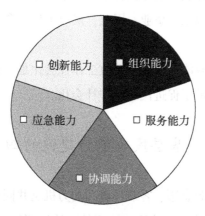

图 8-2 基层民政能力结构分布图

三、基层民政能力建设与民政工作社会化的关系

基层民政能力建设与民政工作社会化之间的关系，蕴含于基层民政能力建设的内涵与民政工作社会化的本质中。

从基层民政能力建设内涵来看，首先，基层民政能力建设包括组织能力、服务能力、协调能力、应急能力和创新能力的全面建设，这五个民政能力建设难以完全依靠政府的力量来实现，而需要充分调动社会力量的参与积极性；其次，基层民政能力建设的落脚点是"个人"。这些"个人"分布在县级以及县级以下的政府机关（乡镇政府、工业园区委员会）、政府派出机构（居委会、村委会、街道等）以及承接公共服务或行政管理职能的代理机构（如业主委员会、专业合作社、种植业协会、老年人协会等）。加强基层民政能力建设，实际上就是加大上述机构人员工作能力的培养。因此，加强基层民政能力建设有助于民政工作社会化发展。

从民政工作社会化的本质来看，通俗来讲，民政工作社会化并不是为政府减负，而是政府责任边界的明晰化。它指的是把政府管不好、不该管、不必管、没有能力管、管不细、管不及时的民政工作，通过放权与让利的方式交由社会力量管理。一方面满足广大民众的民政服务需求，另一方面有效提高基层民政工作效率。有效推进民政工作社会化发展的根本出路在于两个方面：一是明确政府的责任边界，提升政府公共服务能力，包括政策制定、税收优惠、监督管理、规划引导等；二是通过放权、让利、服务三种举措，培养社会力量、激发社会活力、鼓励社会力量广泛参与民政服务事业。因此，民政工作社会化的过程又是促进基层民政能力建设的过程。

综上所述，基层民政能力建设与民政工作社会化是一种相互促进的关系。加强基层民政能力建设有助于促进民政工作社会化。

第二节　基层民政能力建设的四大困境

基层民政能力是主观意愿、客观环境和动力机制共同作用的结果。当前，基层民政能力建设面临着缺人、缺钱、缺硬件、缺协同"四缺"的发展困境，不仅

阻碍民政工作效率提升，也制约了民政工作社会化的进程。

一、缺人

基层民政是民政事业的重要基础，是党和政府执政为民的前沿窗口，是联系党和政府与广大人民群众的纽带，具有事务多、任务重、琐碎等特点。加强基层民政能力建设，是落实各项民政工作的根本出路。基层民政能力建设的落脚点是民政队伍的工作能力建设问题，基层民政"缺人"使基层民政能力建设缺乏必要的载体。

基层民政"缺人"首先表现在"数量短缺"。一方面，乡镇民政部门对下基层民政业务千头万绪，承担了救灾救济、低保、五保、基层民主政治建设、村务公开、拥军优属、医疗救助、社区建设、民间组织管理、殡葬管理、慈善和社会救助等多项具体而又琐碎的事务，新任务不断涌现，要应对和落实十余个业务口不断下派的民生建设事务。同时，随着社会体制转型和经济体制转轨的加快，各种新矛盾、新问题、新需求不断增多，更加重了基层民政部门的工作负担。

另一方面，乡镇民政部门普遍面临着人员编制少，甚至有些地方基层民政部门被撤销。以江西省南昌市青山湖区湖坊镇为例，该镇管辖 15 个村委会、32 个居委会，区域面积 20 平方千米，民政服务对象 8.1 万人，但是民政工作人员只有 2 人。[①] 他们两个人不仅承担了针对群众的近 30 项具体民政工作，还要兼职承担残联、妇联、文化教育、老干部、机关工委、统战等多项行政事务，工作任务繁重，人员编制明显不足。

基层民政"缺人"还表现在"质量不够"，即高素质人才短缺。随着市场经济的快速发展和城镇化的快速推进，人才流动日益频繁。基层条件有限，工作艰苦，生活环境简陋，缺乏对高素质人才的吸引力。基层民政部门普遍面临着，高素质人才"引不来"和"留不住"的双重困境。很多基层民政工作人员大多是"半路出家"，而且常常是"以会代训"的方式了解基层民政工作的业务和工作程序，较少经过专门的技术培训。工作人员队伍素质偏低。

基层民政高素质人才短缺具体表现在四个方面：一是工作人员文化程度偏

---

① 应学全. 基层民政工作亟待改进和加强[J]. 中国民政，2010(8)：6-7.

低，很多民政工作人员只有初中及以下文化程度；二是工作人员年龄偏大，年龄大并不都是坏事，如工作经历丰富，处理民政事务稳妥，但是年龄偏大制约了他们对新事物的接受能力；三是对现代信息技术掌握不够，难以适应当前信息化、智能化快速发展时代的民政工作新要求；四是随着公共服务标准化建设的加快，掌握标准化民政专业知识和实务经验的民政工作人才匮乏，制约了基层民政能力的提高。

二、缺钱

相对于城市民政工作而言，基层乡镇民政业务种类繁多、事务琐碎，需要更多的工作经费支持。但是，基层民政工作"缺钱"是一个普遍存在的问题。具体体现在以下三个方面：

第一，经费划拨较少。经费划拨少源于三个方面的原因：一是本级财政困难。乡镇民政工作受乡镇党委和政府的领导，2006 年全面免除农业税之后，乡统筹、乡提留没有了，乡镇工作经费全靠上级（县区级）部门拨付，然而很多县级政府特别是中西部地区的县级政府自身财力有限，用于完成本职工作经费都很紧张，无力向所辖乡镇民政部门下拨经费；二是工作经费标准偏低。基层民政工作人员的工作经费是按照不同的级别拨付相应的工作经费，但县级财政困难，拨付标准普遍偏低，导致经费拨付较少；三是分配不合理。例如在一些乡镇，卫生计生、劳动保障等部门都有自己的工作经费，唯独民政没有。

第二，资金使用受限。当前中国正处在民生建设快速发展时期，各项民政工作逐步开展，如低保、五保、精准扶贫、医疗救助等日益健全。中央和地方政府下拨的专项经费数额巨大，并且有着明确的项目和使用方向。各项民政工作的落实，需要在调研、制表、打印、复印、呈报等方面配套经费支持，但是上级部门并没有拨付相应的工作经费。专项经费的使用是受严格限制的，并不能用于工作经费。尽管紧急工作可以临时支出，但毕竟没有纳入财政预算，会在一定程度上影响民政工作的顺利开展。

第三，费用报销无门。费用支出无法报销，主要集中在乡镇民政干部的正常工作经费无法报销的问题。基层县级民政部门距离乡镇民政所的距离近则十几、二十几千米，远则100多千米，乡镇民政所到各个行政村的距离，少则几千米，远则几十千米。乡镇民政干部无论是到县级民政局开会、提交报表，还是到各个行政村调研、落实工作，都需要差旅费。这些费用往往无处报销，降低了基层民政干部的工作积极性。

三、缺硬件

基层民政工作的"硬件"缺乏，主要体现在基础设施薄弱、办公设施匮乏和交通工具稀缺等三个方面。

第一，基础设施薄弱。基层民政工作的有效开展、基层民政能力的有效提升，都需要良好的道路、交通、水电等基础配套设施的支持。基础设施薄弱，特别是在一些偏远地区道路基础设施建设滞后、交通不便，严重制约着基层民政工作能力提升。

第二，办公设施匮乏。民政工作的顺利开展，需要必要的办公场所、办公设备等的支持。但是大部分基层民政部门，存在办公设施匮乏问题。主要体现在以下两个方面：一是计算机、打字机、传真机等办公设备匮乏；二是办公设备"一老三旧"（老房子、旧桌子、旧凳子、旧柜子等）问题比较突出。

第三，交通工具稀缺。基层民政工作对象居住分散、距离较远、公共交通发展滞后，需要必要的交通工具支撑。同时，基层民政工作经常需要上门入户调查、走访，特别是对于一些边远地区民政对象的调查、走访工作更需要必要的交通工具。很多基层民政干部，往往靠"走"或者自己付费的"摩托车"落实各项民政业务。必要交通工具的匮乏是基层民政能力提升的阻碍因素。

四、缺协同

基层民政业务种类繁多，不同业务之间交叉频繁，常常涉及民政部门、人社部门、卫生部门、财政部门、发展与改革委等多个部门，不同部门以及部门内部不同科室之间的协同性差，是制约基层民政能力建设的重要因素。

基层民政工作中的协同性差，具体体现在四个方面：

第一，民政部门上下级之间缺乏协同。目前乡镇民政助理员的编制、人事权都在所属乡镇，县市区民政局对其没有管理权，导致助理员更换频繁，流动性大，稳定性差。一些乡镇对民政工作"说起来重要，做起来次要，忙起来不要"，民政办没有独立性，职能作用难以发挥。管理体制的不顺，致使民政部门政令不畅，安排的工作任务不能按时、保质、保量完成，普遍存在敷衍、应付的现象。①

第二，民政系统内部各部门间缺乏协同。民政部内部不同科室之间，仍然存在着工作协同性差、行政行为不规范、资金使用效率低、监管机制不到位等问题，致使民政管理服务工作仍不够规范化、系统化、精细化，急需加强法治化、标准化和信息化建设，否则难以提高民政工作的管理水平和服务效能。

第三，民政系统与其他相关部门缺乏协同。民政业务种类繁多、事务琐碎，往往涉及其他行政部门。因此，基层民政工作的顺利开展，需要其他相关行政部门的协同与配合。从目前来看，民政系统与其他行政管理部门之间协作机制不够健全，存在着领导不足、协同性差、资源分散、效率低下等问题。

第四，民政系统与社会组织、社会公众之间缺乏协同。随着民政工作社会化的发展，社会组织、社会公众等社会力量已经广泛深入民政事业发展之中，在处理新时期的民政工作时，需要民政系统与社会组织、社会公众之间协调配合。当前，民政系统与社会组织和社会公众之间的协同治理机制尚不健全，民政工作在协调利益、规范服务、激发社会活力、推动社会参与等方面仍存在明显不足。②

第三节　基层民政能力建设的实现路径

全面审视基层民政能力建设面临的四大困境。基层民政能力建设四大困境是多种影响因素共同作用的结果，这些影响因素包括基层民政工作者的主观意愿、基层民政工作的客观条件、基层民政管理体制等以及由此决定的基层民政工作者的动力机制缺乏和不同主体之间的协调机制不畅，最终导致基层民政能力较低的现状。基层民政能力建设的实质是通过合理的机制（政府与市场），促进有限资源（人、财、物、政策和管理体制等）的有效配置问题。存量改革、增量调整、

---

①　对基层民政工作存在问题与制约因素的思考［EB/OL］.（2014-08-20）［2024-10-21］. http：//sy. hbmzt. gov. cn/gzyj/201408/t20140820_189661. shtml.

②　"现代大民政"建设：战略背景、理论意涵与实现路径［EB/OL］.［2024-10-21］. http：//mzj. qz. gov. cn/show-42-1579-1. html.

政府购买服务和借力"互联网+"是基层民政能力建设的具体路径。

一、存量改革

基层民政能力建设的首要任务是存量改革。存量改革的实质是对现有人、财、物、政策和管理体制等民政资源的重新整合，是对现有民政资源配置合理性的改革与调整，重点任务是资源整合机制的建立问题。合理的整合机制，能够促进有限民政资源的有效配置和高效配置，进而提升基层民政能力。

1. 存量改革的现实依据

基层民政能力建设，既要考虑当前的客观现实，又要考虑未来的发展趋势。从客观现实来看，基层民政能力不足的原因有数量不足的问题，包括人、财、物、政策和管理体制等，但更多的是资源配置无效和低效的问题。不解决现有民政资源的有效配置，不仅无法进行增量调整，也不应该进行增量调整。因为，增量越多，有限民政资源的浪费也就会越严重。从未来发展趋势来看，中国的城市化和工业化发展快速推进，大批农村人口涌向城市，尽管当前的民政对象大多滞留在基层，但未来民政工作的主要阵地应该在城市，而不是分散在乡村。因此，加强基层民政能力建设，首先要考虑民政资源的存量改革。

2. 存量改革的主要内容

存量改革的主要内容是决定或者影响基层民政能力提升的因素，包括人、财、物、政策和管理体制等。

首先，基层民政队伍的存量改革，包括数量整合和质量提升。从数量整合来看，基层民政工作并不是只有专职的乡镇民政干部可以胜任，其他乡村精英同样可以参与。现在基层乡镇有大量"闲置"的人力资源没有得到开发，如村委会干部、农村党员、乡村教师、基层就业大学生、农调队、精准扶贫协管员等。假如说增加一个正式基层民政干部，其每个月财政工资2000元，不考虑以后的养老、生病时的医疗费用支付，那么一年需要支付24000元。假如每个民政工作协管员每个月补助200元，可以增加10个，如果每个月补助100元，可以增加20个。从质量提升来看，要加大基层民政队伍的专业技术指导和培训力度。

其次，基层民政财力存量改革。几乎每一项民政工作都需要财力作为后盾，要开展基层民政工作，若没有钱则会寸步难行。当前基层民政财力资源不足的问题，是结构性问题和总量问题并存的双重问题。一方面，基层民政财力资源"闲置"问题比较突出，随着精准扶贫工作的推进，各种精准扶贫资金大量闲置；另一方面，基层民政财力资源又非常紧张，这突出体现在基层民政干部的工作经费不足。同时，大量的社会资本也是民政工作重要的财力资源，但是，税收政策、土地政策以及盈利空间小等问题，限制了社会资本积极参与民政工作的热情和动力。建立合理的资源整合机制，是解决基层民政财力不足问题的重要途径。另外，现代信息技术的快速发展和应用，也为降低民政工作成本提供了可能。

最后，政策和管理体制的存量改革。合理的优惠政策和管理体制，是影响基层民政能力的重要因素。鼓励民间资本参与养老服务体系建设，是中国应对人口老龄化问题的重要举措。政府也出台了一些鼓励措施，但是原则性文件较多，指标性的较少，导致了刚性约束力不够，限制了民间资本参与民政工作的积极性。基层民政管理体制存在的问题，如乡镇政府负责基层民政干部的招聘、使用和调换，导致基层民政干部队伍不稳定，又如基层民政干部工作经费预算外管理，导致基层民政工作经费不足等。这些问题都需要对现有的税费政策和管理体制进行存量改革。

3. 存量改革的整合机制

存量民政资源的整合机制，可通过行政、市场和公益三种整合机制展开。三种整合机制的主体应以县级政府为宜，整合的核心在于人力资源和财力资源。选择县级政府作为整合的主体，一方面是因为，县级政府既是基层民政工作的主要责任主体，又是乡镇政府领导者，整合能力较高；另一方面，基层民政资源下沉，一般下沉到县级财政，整合效率较高。因此，由县级政府作为民政资源整合的主体较为适宜。

首先，基层民政工作队伍的整合，既要通过市场手段，如每月定期发放定额补贴或实行项目制补贴；又要通过行政手段，如在建立应急机制基础上，实行基层民政干部定期值班制，改革基层民政干部用人制度，如从村委会干部中提拔乡镇民政干部，以激发村委会干部的工作积极性。同时，也可通过精神褒奖、基层工作经验认定等，鼓励社会组织、社会公众以及广大志愿者通过志愿服务的方式，参与基层民政工作事务。

其次，对于基层民政财力资源的整合，既要通过行政手段整合，如改革基层政府预算管理制度，把基层民政工作经费纳入财政预算，以解决基层民政部门内部的财力资源配置问题，下放审批权限，为民间资本参与基层民政工作事务提供便利；也要通过市场手段整合，如提供税收优惠、土地政策倾斜，鼓励民间资本积极参与基层民政业务。同时，利用微信等现代信息技术，采用无纸化、远程办公手段，降低基层民政工作成本。

二、增量调整

增量调整是通过体制机制的调整与完善，促进人、财、物等民政资源数量的增加。包括两个方面：一是政府民政资源的增加，二是社会力量的增加。政府民政资源的增加具有刚性，应采取审慎原则。增量调整的根本方向是培育社会力量。

1. 政府民政资源的增加

以盘活存量为基本前提，适度增加必要性民政资源。首先，民政队伍的增加，要考虑基层民政业务发展动态和趋势，严格控制编制增量，多用劳务派遣；其次，工作经费的增加，按照财权与事权相匹配的原则，在事权增加的同时适度增加财权；最后，办公设备的增加，充分利用现代信息技术，全面推广无纸化和远程办公，整洁办公环境，谨慎增加办公电话、传真机等不必要的昂贵设备。

2. 社会力量的培育

政府通过放权、让利与服务等多种途径，培育和调动一切社会力量广泛参与基层民政工作。从民政队伍增量来看，应大力发展社会组织、社会工作者和社区志愿者，为基层民政工作提供专业人才队伍。前文分析表明，大学生具有强烈的参与社区养老服务意愿，但是大学生实际参与社区养老服务的比例非常低，这充分说明大学生是一个潜在的增量资源。从民政财力资源增量来看，应鼓励社会资本、社会捐助和国际援助等参与基层民政事务，为基层民政工作提供财力保障。

三、政府购买服务

政府购买服务是"让市场在配置资源中起决定性作用"在公共服务领域中的具体实践，是当前民政工作社会化的主要模式和民政工作社会化发展的未来方向。政府购买服务的目的是：提高服务能力，增强协调能力，加强组织能力，引进创新能力，完善应急能力。政府购买服务的理论依据是福利多元主义和服务型政府，现实依据是政府难以满足数量日益增加、质量逐渐提高、多元化、个性化、精细化的民政服务需求，通过政府购买服务补充基层民政管不完、管不细和不必管的公共服务的职能。

1. 明确政府购买服务的实施范围

政府购买服务的范围，实质上就是民政工作社会化的范围。有学者认为，并不是所有的民政工作都可以社会化。我们的观点恰恰相反。因此，民政工作内容涉及基层政权建设、行政管理和社会保障制度建设，每项民政工作程序都涉及服务政策制定、服务范围界定、服务生产、服务提供、服务效果跟踪评估等多个程序。社会化的实质是社会力量参与，既有参与程度高低之分，又有参与范围大小之分，还有参与服务的具体阶段之分。在国外，连公共产品属性最明显的国防和司法服务都可以引入社会力量，那么从宏观角度看，民政工作的所有方面都可以实现社会化。只是不同的民政工作社会化的程度不同而已。

2. 确定政府购买服务的重点领域和优先领域

政府购买服务的实质是通过市场机制促进民政工作社会化。从宏观层面来说，所有的民政工作都可以社会化，但这并不是说所有民政工作的所有方面都可以社会化，也不是说所有民政工作的所有方面都可以同时社会化。政府购买资源是有限的，政府购买服务要确定优先领域、重点领域和合理方面。党的十八届三中全会的基本精神是"事务性管理服务，要推行政府购买服务"。因此，对于与改善民生密切相关的领域，有助于转变政府职能的领域，要优先安排、重点考虑，比如政府新增、临时性或阶段性的服务项目。

3. 选择合理的政府购买服务方式

社会组织是政府购买服务的主要承接主体，政府购买服务的方式是由政府部门与社会组织之间的隶属关系决定的。西方国家实践经验表明，不同的国家采取政府购买服务的方式并不相同，例如美国主要实行合同外包模式，英国实行公开竞标模式等。中国的社会组织与政府的关系存在依附性关系和独立性关系。因此，以引入市场竞争机制为前提，政府购买服务的方式就有四种：依附性竞争性购买、依附性非竞争性购买、独立性竞争性购买和独立性非竞争性购买。具体采取哪种模式，不仅要考虑政社关系，还要考虑政府购买服务的类型。

4. 完善公共服务提供机制

社会组织的基本特点是贴近群众和专业性强，在提供公共服务方面具有明显优势。近年来，社会组织在社会管理和公共服务领域的能力日益增强，在社会管理职能部分的作用日益凸显。政府推进政府购买服务，引进专业队伍，能增加公共服务提供数量，提高公共服务的供给水平，提升民众的满意度，满足群众日益增长的多样化的需求。

四、借力"互联网+"

21世纪中国社会经济发展面临着两个不可逆转的趋势：一是人口老龄化；二是信息化、智能化。充分发挥互联网在资源配置中的中介作用、集成作用和优化作用，是促进社会经济发展的重要手段。"互联网+"的实质是"互联网"与"传统业态"的跨界深度融合，是充分利用现代信息技术实现传统业态的创新发展。"互联网+"已经广泛应用于社会经济发展中的各个领域，从工业到服务业，从城市到农村，从工厂到学校都已经有"互联网+"的身影。在金融领域，互联网金融已经遍及全国，上海华联银行、阿里巴巴的浙商银行等互联网银行，大大降低了传统银行的运行成本；在公共服务领域，浙江宁波"81890服务网"已经成为公共服务社会化的全国样板；在社会救助领域，"水滴互助"已经成为利用互联网实现大病互助的公益组织。

在信息化、智能化快速发展的时代背景下，充分利用信息技术提高社会治理水平，推动多元治理主体互动的合作共治模式，实现基层民政机构与各级政府、各工作部门之间信息互通、网络互联、业务互动，降低行政成本、提高公共服务效率，已经成为社会发展的必然趋势。借助"互联网+"促进基层民政能力建设，需要做好以下几个方面的工作：

第一，搭建便民利民平台。充分利用互联网、移动互联网等技术，探索信息网络、移动设备等新媒体工具，充分发挥社区平台系统、App等新型互动交流平台的作用，建立健全网络参与机制，加深群众参与程度，增强部分业务办理便捷程度。推进新媒体工具的广泛应用，实时收集民情信息，为行政决策提供直观、具体的第一手信息，达到信息互通的作用，提高解决群众诉求的办事效率。

第二，构建监督管理平台。通过互联网平台，动态掌握公共服务推进落实情况以及干部职工工作动态，增强跟踪督办各项工作的主动性，提高政府工作的透明度以利于群众监督，确保各项工作目标任务及时、高效地落到实处。

第三，搭建人才网络。实施人才织网工程，利用区、街道、社区的信息化平台，建立网络化的人才管理数据库。在此基础上，充分发挥街道、社区社会工作人员服务社会的作用，并不断完善和推动志愿者社会工作队伍、民营机构社会工作人才等队伍参与社会工作的制度和程序，形成运转流畅、资源共享、和谐互动的人才工作机制。整合现有网格员服务队伍，组建网络化管理机构和成立专业信息员队伍，建立健全社区网络化服务管理模式。

第四，搭建大数据平台。一是规范管理统计数据。借助互联网大数据分析功能，将各种指标数据分类储存，供各级政府、单位、干部职工查询使用，形成统一的官方数据档案，为科学决策提供参考依据。二是建立特殊人群"一户一档"数据库。构建全国联网的困难人群和特殊优待人群的个人档案数据库，分类汇总、指标全面、结构标准、动态更新，保护个人隐私，实现内部一键查询。为社会力量帮助困难群体、参与社会问题解决和社会纠纷化解提供数字化信息服务。

参 考 文 献

[1]常宗虎."民政工作整合问题"研究述评[J].长沙民政职业技术学院学报,2003(2):1-6.

[2]陈方.推进民政工作的社会化[J].特区理论与实践,1991(3):68-70.

[3]陈汉儿.中国莆田SOS儿童村:让每个孩子成长亦成才[N].福建日报,2024-06-11.

[4]崔乃夫.关于民政理论中的几个问题——韩京承同志《民政散论》书序[J].社会工作,1995(2):4-5.

[5]邓大才.社会化小农:动机与行为[J].华中师范大学学报(人文社会科学版)》,2006(3):9-16.

[6]对基层民政工作存在问题与制约因素的思考[EB/OL].(2014-08-20)[2024-10-21].http://sy.hbmzt.gov.cn/gzyj/201408/t20140820_189661.shtml.

[7]方舒,彭莉莉.现代民政论纲:社会福利与当代中国社会的深层对话[J].学习与实践,2016(7):81-89.

[8]风笑天.独生子女青少年的社会化过程及其结果[J].中国社会科学,2000(6):118-131,128.

[9]冯婷.社区与社团:民政社会化的双足[J].浙江学刊,2013(6):54-58.

[10]凤凰网.郭美美事件引发红十字会危机[EB/OL].(2024-08-11)[2024-10-02].https://news.ifeng.com/society/special/guomeimei/.

[11]贡婷春.慈善捐赠的税收激励研究[D].济南:山东财经大学,2012.

[12]郭凡.从广州的实践看民政工作社会化[J].探求,1998(3):30-32.

[13]何立军.深入推进"三社联动"构建全民共建共享的社会治理格局——民政部召开全国社区社会工作暨"三社联动"推进会[J].中国民政,2015(20):30-

31.

[14]和众泽益网. SOS 儿童村｜"微爱牵手"项目，邀您一齐为爱牵手[EB/OL].
（2018-12-28）[2024-09-15]. http://www.hcvcchina.com/h-nd-516.html.

[15]侯利文，聂璞. 民政社会工作者的专业认同与职业发展——基于中国社会工
作动态调查（CSWLS2019）的数据分析[J]. 社会工作，2021（3）：63-78，109.

[16]华南陵园网. 殡葬服务业存在的问题[EB/OL].（2022-10-10）[2024-09-20].
https://www.51gmw.cn/xingyedongtai/16815.html.

[17]新华网. 2024 年全国 4.3 万余名新招募西部计划志愿者陆续出征[EB/OL].
（2024-07-02）[2024-09-04]. http://news.china.com.cn/2024/07/24/content_
117326795.shtml.

[18]加拿大 84% 人口无偿捐款[N]. 广州日报，2009-06-10.

[19]江海波. 英国社会企业不衰的秘密[EB/OL].（2012-10-21）[2024-10-21].
http://finance.sina.com.cn/world/ozjj/20121205/234913909829.shtml.

[20]蒋积伟. 新中国社会捐助工作的历史考察与反思——以救灾捐赠为例[J]. 科
学社会主义，2011（2）：66-69.

[21]金世吉. 对民政工作若干基本问题的再思考[J]. 中国社会工作，1998（2）：
18-20.

[22]李凤瑞，刘福旺. 中国民政的发展里程——历次全国民政会议回顾[J]. 中国
民政，2000（2）：17-19.

[23]李小云. 中国"世界慈善捐助指数"全球倒数第二[EB/OL].（2017-09-11）
[2024-10-20]. https://www.sohu.com/a/191334216_795819.

[24]李学举. 用科学发展观认识、定位、推进民政工作[J]. 中国民政，2009（4）：
4-10.

[25]李长训，董辉，张亚非. 政府购买社会救助服务案例研究——以河南省民政
厅委托第三方机构开展低保核查工作为例[J]. 社会政策研究，2017（5）：
104-115.

[26]梁兰. 社会工作在精准扶贫工作中的作用和局限性——基于民政部"三区计
划"项目的反思[J]. 重庆工商大学学报(社会科学版)，2018，35(5)：69-73.

[27]林闽钢. 关于政府购买社会救助服务的思考[J]. 行政管理改革，2015（8）：

24-27.

[28]刘桂林.“九五”期间简快民政工作社会化问题的思考[J].民政论坛,1995
(6):37-38.

[29]刘继同.新时期民政工作的战略定位与积极福利政策[N].中国社会报,
2003-06-19.

[30]陆治原.以习近平总书记关于民政工作的重要论述为指引 谱写民政事业高质
量发展新篇章[N].学习时报,2024-05-13.

[31]罗淳.高龄化:老龄化的延续与演变[J].中国人口科学,2002(3):35-42.

[32]吕雪枫,于长永,游欣倍.农村老年人的机构养老意愿及其影响因素分
析——基于全国12个省份36个县1218位农村老年人的调查数据[J].中国
农村观察,2018(4):102-116.

[33]马瑞丽,于长永,李孜,等.中国式现代化的人口条件:机遇与挑战[J].人
口与发展,2023,29(1):104-111.

[34]潘娟.社会工作人才开发的路径选择——基于甘肃省民政系统社会工作人才
队伍调研的结果分析[J].社科纵横,2008(2):72-74.

[35]上海慈善网.看看国外都是怎样做慈善的?[EB/OL].(2019-09-04)[2024-
10-20].https://www.scf.org.cn/csjjh/n3421/n5604/n5605/u1ai253324.html.

[36]社会工作者考试网.2021年社会工作者考试报名人数82.9万,创历史新高
[EB/OL].(2021-11-08)[2024-08-30].https://www.exam8.com/zige/
gongzuozhe/dongtai/zixun/2021111/4771761.html.

[37]时正新,许立群.政社分开是推进社会福利社会化的必然要求——从温州市
福利事业社会化看民政部门职能变迁[J].中国社会工作,1998(4):35-36.

[38]宋承翰.老年健康报告:全国失能老人超四千万,农村失能率远高于城市
[EB/OL].(2024-04-08)[2024-06-10].https://www.sohu.com/a/770053490_
161795.

[39]宋爽.民政工作视角下的残疾人福利体系构建[J].社会福利(理论版),
2015(1):21-24.

[40]搜狐网.地震洪水频发 何不为其买保险?[EB/OL].(2016-07-22)[2024-09-
20].http://news.sohu.com/s2016/dianji-1915/index.shtml.

［41］搜狐网. 机构养老服务质量管控经验——发达国家案例［EB/OL］.（2018-07-17）［2024-10-10］. https:www.sohu.com/a/241705178_750114.

［42］搜狐网. 中美人均慈善捐款差 93 倍 中国人没善心？［EB/OL］.（2019-09-04）［2024-10-20］. https://www.sohu.com/a/169425126_157078.

［43］苏学愚. 试行救助服务的政府购买 推进救助管理社会化——借鉴香港社会工作经验［J］. 湘潮（下半月）（理论），2009(9)：22-23.

［44］唐杰. 社会组织与政府关系的研究［D］：上海：上海交通大学，2013.

［45］唐钧，王婴. 民政工作怎样改革创新［J］. 中国党政干部论坛，2017(6)：72-74.

［46］唐钧. 民政工作的开放性及社会福利服务的整合［J］. 北京工业大学学报（社会科学版），2015，16(6)：1-7.

［47］王俊丽. 关于我国社会福利社会化的路径探讨——以银川市福利机构为例［J］. 法制与社会，2010(28)：183-185.

［48］王琳. 中国老年人口高龄化趋势及原因的国际比较分析［J］. 人口与经济，2004(1)：6-11.

［49］王如恒，翟永荣. 民政宣传教育与民政工作社会化［J］. 中国社会工作，1996(2)：23-24.

［50］王勇. 2025 年我国实名注册的青年志愿者总数将突破 1 亿人［N］. 公益时报，2018-04-17.

［51］王勇. 全国各省社会组织［EB/OL］.（2020-11-10）［2024-08-29］. https://www.thepaper.cn/newsDetail_forward_9931131.

［52］王玉. 中国慈善捐赠只有美国 1/10，提高三次分配可从五方面入手［EB/OL］.（2021-10-29）［2024-09-18］. https://baijiahao.baidu.com/s? id = 17149111150211199345&wfr=spider&for=pc.

［53］网易. 中国养老院行业市场现状 养老床位空置率高达 50% ［EB/OL］.（2021-10-07）［2024-10-10］. https://www.163.com/dy/article/GLN0P54F0514HA3H.html.

［54］网易新闻网. 中华少年儿童慈善救助基金会涉诈骗事件曝光：数千家庭深陷绝境［EB/OL］.（2023-09-13）［2024-10-02］. https://m.163.com/dy/article/

IEGPMV93055658CV.html.

[55] 魏伟. 大数据背景下民政档案管理工作创新路径探析[J]. 经贸实践, 2015 (12): 163.

[56] 吴知音. 政协委员张宝义: 呼吁更多党员干部参与志愿者服务[EB/OL]. (2018-01-27)[2024-09-10]. http://cppcc.china.com.cn/2018-01/27/content_ 50324619.htm.

[57] 习近平. 高举中国特色社会主义伟大旗帜 为全面建设社会主义现代化国家而 团结奋斗——在中国共产党第二十次全国代表大会上的报告[EB/OL]. (2022-10-25)[2024-05-29]. https://www.gov.cn/xinwen/2022/10/25/content_ 5721685.htm.

[58] 习近平. 决胜全面建成小康社会夺取新时代中国特色社会主义伟大胜利—— 在中国共产党第十九次全国代表大会上的报告[EB/OL]. (2017-10-27) [2024-05-29]. https://www.gov.cn/zhuanti/2017-10/27/content_5234876.htm.

[59] 新浪网. 政府公共服务可交社会组织[EB/OL]. (2012-03-20)[2024-09-18]. https://news.sina.com.cn/o/2012-03-20/072124142393.shtml.

[60] 徐蕴, 张世华. 专业服务让民政工作靶向更精准——广西镇(街)社工站建设 观察[J]. 中国社会工作, 2020(31): 23-24.

[61] 颜晓峰. 我国社会主要矛盾变化的重大意义[N]. 人民日报, 2018-01-04.

[62] 艺考网. 2022 全国开设社会工作专业的大学院校有哪些?[EB/OL]. (2022- 02-12)[2024-09-30]. https://www.027art.com/daxue/zhuanye/12705525.html.

[63] 社会工作持证人数增至 66.9 万人, 这背后的原因竟是?[EB/OL]. (2021- 10-28)[2024-08-30]. https://www.233.com/shgzz/jiqiao/202110/27170815604 243.html.

[64] 应学全. 基层民政工作亟待改进和加强[J]. 中国民政, 2010(8): 6-7.

[65] 英国社会企业的特征、经验及启示[EB/OL]. (2023-08-07)[2024-10-20]. https://wendang.chazidian.com/lunwen-110775/.

[66] 俞可平. 中国公民社会: 概念、分类与制度环境[J]. 中国社会科学, 2006 (1): 120-130.

[67] 俞祖成. 日本社会企业: 起源动因、内涵嬗变与行动框架[J]. 中国行政管

理，2017(5)：139-143.

[68]袁国玲，孟召将. 政府公共服务方式多样化探析[J]. 成都行政学院学报(哲学社会科学)，2005(2)：8-9.

[69]张锋. 学思践行，推动民政工作提质提速提效[N]. 中国社会报，2024-04-10(002).

[70]张立荣，李晓园. 县级政府公共服务能力结构的理论建构、实证检测及政策建议[J]. 中国行政管理，2010(5)：120-125.

[71]张秀兰，徐月宾. 发展型社会政策及其对我们的启示[C]//第二届社会政策国际论坛论文集. 2006：146-147.

[72]张翼，田丰. 中国志愿服务发展报告(2021—2022)[M]. 北京：社会科学文献出版社，2022.

[73]赵孟. 不到一成入住养老机构，失能老人如何照护？[EB/OL]. (2023-04-24)[2024-09-15]. https://www.jiemian.com/article/9296723.html.

[74]赵孟. 中国失独女性达288.8万，未来还将快速增加[EB/OL]. (2024-04-15)[2024-06-10]. https://finance.sina.com.cn/jjxw/2024-04-15/doc-inarxrfr1335168.shtml.

[75][美]珍妮特·V. 登哈特，罗伯特·B. 登哈特.《新公共服务：服务而不是掌舵》[M]. 方兴，丁煌，译. 北京：中国人民大学出版社，2010.

[76]郑晓瑛等. 中国人口老龄化时期人口与健康的趋势和挑战(2015—2020)[J/OL]. 中国疾病预防控制中心周报(英文)，2021，3(28)：593-598[2024-06-10]. https://health.hmed365.com/4326.html.

[77]中国人口与发展研究中心课题组，马力，桂江丰. 中国人口老龄化战略研究[J]. 经济研究参考，2011(34)：2-33.

[78]中国社会科学院社会学所"中国志愿服务参与状况调查"课题组. 中国志愿服务参与状况调查成果发布 活跃志愿者人均年参与志愿服务次数达10.77次[EB/OL]. (2019-01-08)[2024-10-13]. http://www.gongyishibao.com/html/yaowen/15854.html.

[79]中国政府官网. 国务院关于加快发展养老服务业的若干意见(国发[2013]35号)[EB/OL]. (2013-09-13)[2024-10-13]. https://www.gov.cn/zwgk/2013-

09/13/content_2487704.htm.

[80]中国政府网.民政部简介[EB/OL].(2024-02-26)[2024-07-09].http://www.gov.cn/fuwu/2014-02-26/content_2622345.htm.

[81]新华社.中共中央关于全面深化改革若干重大问题的决定[EB/OL].(2013-11-15)[2024-06-13].https://www.gov.cn/jrzg/2013-11/15/content_2528179.htm.

[82]中华财经网.保险公司不愿涉及自然灾害赔付率仅3%巨灾保险供给缺口怎么补[EB/OL].(2017-08-14)[2024-09-31].https://finance.china.com/jrxw/13000288/20170814/31089565_all.html.

[83]中华人民共和国教育部.2023年我国高等教育在学总规模4763.19万人[EB/OL].(2024-03-01)[2024-10-13].https://www.gov.cn/zhengce/jiedu/tujie/202403/content_6935512.htm.

[84]中华人民共和国教育部.国家中长期人才发展规划纲要(2010—2020年)[EB/OL].(2010-06-07)[2024-08-30].http://www.moe.gov.cn/jyb_xwfb/s6052/moe_838/201006/t20100607_88754.html.

[85]中华人民共和国民政部.2020年民政事业发展统计公报[EB/OL].(2021-09-10)[2024-08-30].https://www.mca.gov.cn/images3/www2017/file/202109/1631265147970.pdf.

[86]中华人民共和国民政部.2021年民政事业发展统计公报[EB/OL].(2022-08-26)[2024-08-29].https://www.mca.gov.cn/images3/www2017/file/202208/2021mzsyfztjgb.pdf.

[87]中华人民共和国民政部.2022年民政事业发展统计公报[EB/OL].(2023-10-13)[2024-06-13].https://www.mca.gov.cn/n156/n2679/c1662004999979995221/attr/306352.pdf.

[88]中华人民共和国民政部.民政部公布10个社会组织领域风险防范化解典型案例[EB/OL].(2023-01-30)[2024-10-08].https://www.chinanews.com/gn/2023/01-30/9943622.shtml.

[89]中华人民共和国民政部.资讯数字[J].中国民政,2015(12):6-7.

[90]中华人民共和国民政部.适度普惠型福利模式探索[EB/OL].(2008-12-18)

［2024-07-18］．http：//shfl. mca. gov. cn/article/llyj/sdphts/200812/2008120002
4641.shtml？2.

［91］中华人民共和国国家统计局．2022 年国民经济和社会发展统计公报［EB/
OL］．（2023-02-28）［2024-09-30］．https：//www. stats. gov. cn/sj/zxfb/202302/
t20230228_1919011.html.

［92］周瑛，彭华，李锋华．民政工作项目化运作研究［J］．中国民政，2011(9)：25-
27.

［93］郑杭生．民生为重、造福于民的体制创新探索——从社会学视角解读"大民
政"的本质和重大意义［J］．新视野，2011(6)：22-25.